中华精神家园

建筑古蕴

千古都城

三大古都的千古传奇

肖东发 主编　胡元斌 编著

中国出版集团

现代出版社

图书在版编目（CIP）数据

千古都城：三大古都的千古传奇 / 胡元斌编著. — 北京：现代出版社，2014.7（2019.1重印）

ISBN 978-7-5143-2293-4

Ⅰ. ①千… Ⅱ. ①胡… Ⅲ. ①都城（遗址）—介绍—中国 Ⅳ. ①K928.5

中国版本图书馆CIP数据核字(2014)第160555号

千古都城：三大古都的千古传奇

主　　编：肖东发

作　　者：胡元斌

责任编辑：王敬一

出版发行：现代出版社

通信地址：北京市定安门外安华里504号

邮政编码：100011

电　　话：010-64267325 64245264（传真）

网　　址：www.1980xd.com

电子邮箱：xiandai@cnpitc.com.cn

印　　刷：三河市华晨印务有限公司

开　　本：710mm×1000mm 1/16

印　　张：10

版　　次：2015年4月第1版　2021年3月第4次印刷

书　　号：ISBN 978-7-5143-2293-4

定　　价：29.80元

党的十八大报告指出："文化是民族的血脉，是人民的精神家园。全面建成小康社会，实现中华民族伟大复兴，必须推动社会主义文化大发展大繁荣，兴起社会主义文化建设新高潮，提高国家文化软实力，发挥文化引领风尚、教育人民、服务社会、推动发展的作用。"

我国经过改革开放的历程，推进了民族振兴、国家富强、人民幸福的中国梦，推进了伟大复兴的历史进程。文化是立国之根，实现中国梦也是我国文化实现伟大复兴的过程，并最终体现为文化的发展繁荣。习近平指出，博大精深的中国优秀传统文化是我们在世界文化激荡中站稳脚跟的根基。中华文化源远流长，积淀着中华民族最深层的精神追求，代表着中华民族独特的精神标识，为中华民族生生不息、发展壮大提供了丰厚滋养。我们要认识中华文化的独特创造、价值理念、鲜明特色，增强文化自信和价值自信。

如今，我们正处在改革开放攻坚和经济发展的转型时期，面对世界各国形形色色的文化现象，面对各种眼花缭乱的现代传媒，我们要坚持文化自信，古为今用、洋为中用、推陈出新，有鉴别地加以对待，有扬弃地予以继承，传承和升华中华优秀传统文化，发展中国特色社会主义文化，增强国家文化软实力。

浩浩历史长河，熊熊文明薪火，中华文化源远流长，滚滚黄河、滔滔长江，是最直接的源头，这两大文化浪涛经过千百年冲刷洗礼和不断交流、融合以及沉淀，最终形成了求同存异、兼收并蓄的辉煌灿烂的中华文明，也是世界上唯一绵延不绝而从没中断的古老文化，并始终充满了生机与活力。

中华文化曾是东方文化摇篮，也是推动世界文明不断前行的动力之一。早在500年前，中华文化的四大发明催生了欧洲文艺复兴运动和地理大发现。中国四大发明先后传到西方，对于促进西方工业社会的形成和发展，曾起到了重要作用。

中华文化的力量，已经深深熔铸到我们的生命力、创造力和凝聚力中，是我们民族的基因。中华民族的精神，也已深深植根于绵延数千年的优秀文化传统之中，是我们的精神家园。

总之，中华文化博大精深，是中国各族人民五千年来创造、传承下来的物质文明和精神文明的总和，其内容包罗万象，浩若星汉，具有很强的文化纵深，蕴含丰富宝藏。我们要实现中华文化伟大复兴，首先要站在传统文化前沿，薪火相传，一脉相承，弘扬和发展五千年来优秀的、光明的、先进的、科学的、文明的和自豪的文化现象，融合古今中外一切文化精华，构建具有中国特色的现代民族文化，向世界和未来展示中华民族的文化力量、文化价值、文化形态与文化风采。

为此，在有关专家指导下，我们收集整理了大量古今资料和最新研究成果，特别编撰了本套大型书系。主要包括独具特色的语言文字、浩如烟海的文化典籍、名扬世界的科技工艺、异彩纷呈的文学艺术、充满智慧的中国哲学、完备而深刻的伦理道德、古风古韵的建筑遗存、深具内涵的自然名胜、悠久传承的历史文明，还有各具特色又相互交融的地域文化和民族文化等，充分显示了中华民族的厚重文化底蕴和强大民族凝聚力，具有极强的系统性、广博性和规模性。

本套书系的特点是全景展现，纵横捭阖，内容采取讲故事的方式进行叙述，语言通俗，明白晓畅，图文并茂，形象直观，古风古韵，格调高雅，具有很强的可读性、欣赏性、知识性和延伸性，能够让广大读者全面接触和感受中国文化的丰富内涵，增强中华儿女民族自尊心和文化自豪感，并能很好继承和弘扬中国文化，创造未来中国特色的先进民族文化。

2014年4月18日

七朝都城——古都北京

华北平原上的东方古都　002

燕京从先秦至辽宋的过渡　012

金中都时期始建卢沟桥　017

元大都时的繁荣及妙应寺塔　023

明朝时期大力扩建北京城　030

明王朝建天坛和万寿塔　037

清朝对北京城大规模修建　043

古都民俗文化和民俗工艺　052

古都著名景观和宗教名胜　057

六朝都城——古都南京

066 荟萃山水人文的江南古都

072 春秋到两晋时期繁荣发展

079 南朝时期古都的杰出人物

086 隋朝至宋朝时历经沧桑

091 朱元璋兴建世界第一城垣

096 清朝时古都的杰出名人

102 古都著名寺庙的历史沿革

十三朝都城——古都西安

中华民族的文化摇篮　108

从半坡遗址到天府之国　114

秦朝大兴土木建奇宫　119

汉朝在咸阳遗址建立都城　127

隋唐时期的著名寺院　133

宋元明时期的西安古都　142

古都北京

　　北京是中国的首都、中央直辖市，是我国政治、文化、教育和国际交流中心，同时是我国经济金融的决策中心和管理中心。北京位于华北平原北端，东南与天津相连，其余为河北省所环绕。

　　北京有着3000多年的建城史和850余年的建都史，是我国"三大古都"之一，也是我国历史上的七朝古都，很具国际影响力。

　　北京荟萃了从元、明、清以来的中华文化，拥有众多名胜古迹和人文景观，是全球拥有世界文化遗产最多的城市，是中国文化的鲜明代表。

华北平原上的东方古都

北京最初见于记载的名字为蓟，在历史上曾是五代王朝的都城。

北京位于华北平原的西北边缘，面积约1.6万多平方千米。

西山和军都山在南口关沟相交，形成一个向东南展开的半圆形大

■ 四合院　是我国华北地区民用住宅中的一种组合建筑形式，是一种四方形或长方形的院落。一家一户住在一个封闭式的院子里。四合院建筑，是我国古老、传统的文化象征。

■北京钱市胡同

山弯，被称之为北京弯，它所围绕的小平原就是北京小平原。

　　老北京的传统民居主要是四合院。散落在市区的名人故居和王府一般都是比较正宗的四合院，如前海西街的恭王府。

　　胡同是北京民居建筑的另一特色，最早起源于元朝。北京的胡同达7000多条，最古老的胡同是三庙街，最长的胡同是东交民巷，最窄的胡同是前门大栅栏地区的钱市胡同。

　　北京在从辽代起的800多年里，建造了许多宏伟壮丽的宫廷建筑，使北京成为我国拥有帝王宫殿、园林、庙坛和陵墓数量最多、内容最丰富的城市。

　　古都北京的标志性建筑有天安门城楼、故宫、天坛、地坛、日坛、月坛、鼓楼、钟楼等。这些标志性建筑具有极强的象征性、统一性和完整性，这在其他

恭王府 始建于1776年，是和珅为自己修建的豪宅，时称和第。1851年，清末恭亲王奕訢成为这所宅子的主人，改名恭王府，沿用至今。民国初年，这座王府被恭亲王的孙子溥伟以40万块大洋卖给教会，后由辅仁大学用103根金条赎回，并用作女生学堂。

牌坊 又名牌楼，为门洞式纪念性建筑物，是封建社会为表彰功勋、科第、德政以及忠孝节义所立的建筑物。也有一些宫观寺庙以牌坊作为山门，还有用来标明地名的。牌楼宣扬封建礼教，标榜功德，它是祠堂的附属建筑物，昭示家族先人的高尚美德和丰功伟绩，兼有祭祖的功能。

七大古都的标志性建筑中，都是不多见的。这些建筑既是建筑布局、建筑风格的精密图解，又是当时至高无上皇权意识的具体体现。

天安门城楼位于北京城传统的中轴线上，始建于1417年，原名承天门，取"承天启运、受命于天"的意思，是明清两代皇城的正门。

当时，天安门是一座黄瓦飞檐，朱漆金钉三层楼的五洞牌坊，1651年，改建为天安门。天安门城楼前面，是封闭状态的宫廷广场。

明清五百年间，国家有大庆典时在天安门举行颁诏仪式。新中国成立后，天安门城楼成为国家举行重大庆典和集会的场所。

天安门城楼是古代建筑艺术大成之作，也是封建等级制的形象体现，象征皇权的"九五之尊"。

走进天安门，就是闻名海内的故宫。故宫又称紫

■ 天安门城楼

禁城，建筑宏伟壮观，是我国乃至全世界现存最大的宫殿。故宫原是明清两代的皇宫，这里曾经居住过24位皇帝。

■ 天坛祈年殿

北京天坛以其布局合理、构筑精妙而扬名中外，是明清两代皇帝祭天和祈谷的地方，是我国现存最大的古代祭祀性建筑群。

北京城早期规划以明清两代的紫禁城宫为中轴线，中轴线南起永定门，北至钟鼓楼，长约7.8千米。北京中轴线从南往北依次为永定门、前门箭楼、正阳门、中华门、天安门、端门、午门、紫禁城、神武门、景山、地安门、后门桥、鼓楼和钟楼。

从这条中轴线的南端永定门起，就有天坛、先农坛、太庙、社稷坛、东华门、西华门、安定门、德胜门以中轴线为轴对称分布。永定门、中华门和地安门后来被拆毁。2004年前后，我国政府又重新修建了永定门城楼。

北京城池是我国明代和清代都城城防建筑的总称，由宫城、皇城、内城、外城组成，包括城墙、城门、瓮城、角楼、敌台、护城河等多道设施，曾经是我国存世最完整的古代城市防御体系。

北京城门是明清时期北京城各城门的总称。根据

永定门 始建于明嘉靖时期，共跨越了明、清两代。位于左安门和右安门之间，是老北京外城七座城门中最大的一座，也是从南部出入京城的通衢要道。永定门城楼的形式和构造与内城门一样。永定门于1957年被拆除，现存城楼为2004年重建。

定陵 明十三陵之一，为明代万历皇帝朱翊钧和他两位皇后的陵墓。建于1584到1590年，占地面积18万平方米。定陵地宫是十三陵中唯一被开发的地下宫殿。地宫共出土各类文物3000多件，其中有四件国宝：金冠、凤冠、夜明珠和明三彩。

等级以及建筑规格的差异，分为宫城城门、皇城城门、内城城门、外城城门4类。

清朝结束后，除宫城保留较好外，现皇城城门只有天安门被保留，内城仅存正阳门、德胜门箭楼、东南角楼以及崇文门一段残余城墙。

颐和园是北京著名的旅游景点，也是我国最有名的皇家园林，在中外园林史上享有盛誉，具有很高的艺术价值，被誉为"万园之园"。

明十三陵是北京最大的皇家陵寝墓群，内有明朝13位皇帝的陵墓，尤其是明定陵，它的规模浩大，极为壮观。

古都北京具有浓厚的宗教文化。城区有许多著名

■北京故宫护城河

的宗教建筑。这些宗教名胜是古都北京宗教文化兼收并蓄、海纳百川以及民族大融合的见证。

北京地区的宗教主要是佛教、道教、伊斯兰教、天主教、基督教。其中佛教、道教和伊斯兰教对北京的历史、文化、艺术产生过较大的影响。

北京的宗教寺庙遍布整个城区，现存著名的宗教场所有法源寺、潭柘寺、戒台寺、云居寺、八大处、白云观、牛街礼拜寺、雍和宫、西什库天主堂、王府井天主堂、缸瓦市教堂、崇文门教堂等。

北京的著名学府有北京大学和清华大学。北京大学上承古代的太学、国子监学。清华大学是清代末年文化运动的产物。这两所学府既是我国传统文化直

太学 是我国古代的大学。始于西周，汉代设在京师。汉武帝时在长安设太学，初设五经博士专门讲授儒家经典《诗》《书》《礼》《易》《春秋》。魏晋至明清时期，或设太学，或设国子学、国子监，或同时设立，均为传授儒家经典的最高学府。

接的继承者，又是新文化的开创者，同时也是我国国民教育的播种者。

北京大学创立于1898年，初名京师大学堂，是我国第一所国立大学，也是我国在近代史上正式设立的第一所大学。北大传承我国数千年来国家最高学府太学、国子监的学统，既是古代最高学府的延续，又是近代高等教育的开端，可谓"上承太学正统，下立大学祖庭"。

1951年6月，马寅初教授被任命为新中国成立后的北京大学的第一任校长。1952年，院系调整后，北

■清华大学石碑

■清华大学大门

千古都城

三大古都的千古传奇

■ 清华大学校园里的清华学堂

京大学从北京城内沙滩迁到现在的校址，即海淀区颐和园路5号。校园占地面积2.7平方千米，成为一所侧重于基础学科教学和研究的文理科综合大学。

清华大学，地处北京西北郊繁盛的园林区，其占地面积约4平方千米，是在几处清代皇家园林的遗址上发展而成的。

清朝康熙年间，清华园称熙春园，先后有雍正、乾隆和咸丰3位皇帝居住在此。咸丰年间熙春园改名为清华园。

清华大学的前身是清华学堂，始建于1911年。1912年，清华学堂更名为清华学校。清华大学发展初期，以国学研究院四大导师王国维、梁启超、陈寅恪、赵元任以及以李济为代表的清华学者，主张"中西兼容、文理渗透、古今贯通"，形成了著名的清华

国子监 是我国古代隋朝以后的中央官学，为我国古代教育体系中的最高学府，又称国子学或国子寺。明朝时期行使双京制，在南京、北京分别设国子监，设在南京的国子监被称为"南监"或"南雍"，而设在北京的国子监被称为"北监"或"北雍"。

景泰蓝 又称
"铜胎掐丝珐
琅"，俗名"珐
蓝"，又称"嵌
珐琅"，是一种
在铜质的胎型
上，用柔软的扁
铜丝，掐成各种
花纹焊上，然后
把珐琅质的色釉
填充在花纹内烧
制而成的器物。
因在明代景泰年
间盛行，使用的
珐琅釉多以蓝色
为主，故而称为
景泰蓝。

学派，对清华的发展产生了深远的影响。

　　古都北京不仅具有深厚的文化底蕴，其丰富的民俗文化更是洋洋大观。

　　京剧、京韵大鼓、京味儿相声是老北京传统文化的精华。而养鸽子、养蛐蛐、吹糖人、抖空竹等习俗，则是老北京人喜闻乐见的娱乐活动。

　　除了丰富的民俗文化，古都北京也有很多特色工艺。景泰蓝、玉雕、牙雕、雕漆、金漆镶嵌、花丝镶嵌、宫毯和京绣等工艺门类，俗称燕京八绝。这些工艺都曾是专门为宫廷服务的，真可谓是老北京宫廷技艺的精华。

　　北京老字号就是古都历史文化的宝贵遗产和行业典范，主要有全聚德烤鸭、便宜坊烤鸭、稻香村糕点、六必居酱菜、王致和腐乳、吴裕泰茶庄、同仁堂药店、戴月轩笔店、荣宝斋字画等。

此外，北京的风味小吃也有着独特的帝都特色。北京小吃历史悠久、品种繁多、用料讲究、有口皆碑。

清朝文人杨米文在《都门竹枝词》中十分详细地介绍了当时的北京小吃：

三大钱儿卖好花，切糕鬼腿闹喧喧，
清晨一碗甜浆粥，才吃茶汤又面茶；
凉果炸糕甜耳朵，吊炉烧饼艾窝窝，
叉子火烧刚卖得，又听硬面叫饽饽；
烧卖馄饨列满盘，新添挂粉好汤圆。

■全聚德建筑

阅读链接

荣宝斋是驰名中外的老字号，始创于1672年，前身是松竹斋，1894年又设荣宝斋连号，并增设"帖套作"机构，为后来木版水印事业的发展奠定了基础。

荣宝斋作为我国传统文化艺术面向世界的窗口，曾经走过曲折的道路。荣宝斋几经变迁后成为繁荣我国传统书画的艺苑，被誉为"书画家之家"。

荣宝斋具有精湛的装裱、装帧和古旧破损字画修复技术，收藏了许多元、明、清及近现代艺术珍品，其中有著名的米芾《苕溪诗》残卷等国家一级文物。

燕京从先秦至辽宋的过渡

在公元前16世纪至公元前11世纪，在炎黄时期，在北京附近的阪泉，炎帝和黄帝爆发了三场战争，并将战争扩大到黄河和江汉地区。从此，我国形成了统一的华夏民族，"炎黄子孙"诞生了。

与此同时，在距今3000多年以前的北京地区，出现了一些地方小国，其中以蓟和燕最为有名。

蓟国的名称据说和一种名叫蓟的草本植物有关。燕国的名称据说

■ 西周燕都遗址博物馆

来源于氏族部落时期对燕子的崇拜。

根据史书记载，早在公元前11世纪的西周初年，周武王即封召公于北京及附近地区称燕，又封尧的后人于蓟。后来燕国灭蓟国，迁都于蓟，统称为燕都或燕京。

另外有种说法是，在周以前就有燕国，后燕并蓟，以蓟城为国都，这就是后来北京的前身。秦灭燕之后，设置蓟县，其故址就在如今的北京城。

■古代燕国钱币

燕都因为古时是燕国的都城而得名。在战国七雄中有燕国，是因临近燕山而得国名，因此燕国的都城就称为"燕都"。

北京地区当时分成两部分，分别是燕国和蓟国的国都。蓟的国都蓟城在后来的宣武门到和平门一带，北京的第一个名字就叫做蓟城。

这两个诸侯国，燕强蓟弱，一场战争之后燕灭了蓟，燕就把国都迁到了蓟城。建都后的燕国一天天强

召公 又作邵公、召康公、太保召公。姓姬名奭（shì），周文王的儿子，武王的弟弟。曾辅助周武王灭商，被封于燕，是后来燕国的始祖。他的后代曾继承召公的称号，辅佐周厉王。

战国七雄 我国东周后期七个强势诸侯国的统称，分别是齐、楚、燕、韩、赵、魏、秦。在七个诸侯国中，除了秦国在崤山以西之外，其他的六国都位于秦国东边。因此，齐、楚、燕、韩、赵、魏六国又称"山东六国"。

■荆轲刺秦王邮票

■ 蓟县黄崖关长城

广阳郡 又称广阳国、燕国，是我国古代行政区域，始见于战国时期，是秦代至西晋期间幽州刺史部下的一个郡国。汉高祖刘邦始设燕国，后昭帝废除燕国，改为广阳郡。宣帝又改广阳郡为广阳国。王莽时期改为广有郡，东汉又称广阳郡。三国时复称燕国，西晋沿用。

盛起来，到了战国时期成为七雄之一，蓟城那时已经相当繁荣了。

后来，随着七雄争霸，秦灭了韩、魏、楚，又破了赵。就在燕国危在旦夕之际，在这里发生了一个家喻户晓的故事，那就是荆轲刺秦王，这个故事的发源地就是今天的北京。

作为燕都的蓟城，也成为北京城的一段光辉开端。燕都在秦代改称蓟县，汉初又称广阳、幽州，直到金代建立中都为止，其间经历了很大变化，但始终是北方的政治和经济中心。特别是金中都建立后，北京作为我国封建王朝统治中心的历史也真正开始了。

秦代设北京为蓟县，是广阳郡的郡治所。汉初加封了很多王侯，先封了"异姓七国"，又给"同姓九国"进行了封地。因此广阳、幽州都曾是指代后来的北京。

直到西晋时，朝廷把广阳郡改为燕国，而幽州迁到了范阳。待到十六国后的赵时，幽州驻所又迁回蓟县，把燕国改设为燕郡。此时的北京历经前燕、前秦、后燕和北魏，而名字都没有大的改变。

隋朝于583年废除了燕郡，又于607年改幽州为涿郡。唐初涿郡又复称为幽州。在627年，幽州划归河北道管辖。755年，安史之乱爆发。

第二年，胡人安禄山称大燕皇帝，以范阳为燕京，建国号为"大燕"。唐代平息安禄山之乱后，又重新设置幽州，属卢龙节度使管辖。

在五代初期，军阀刘仁恭在燕京建立割据政权，自称燕王，913年被后唐消灭。

937年，后唐节度使石敬瑭勾结北方的契丹，许诺以割让国土为条件，换取辽太宗耶律德光发兵协助，自己则篡位当上了后晋皇帝，随后割让"燕云十六州"给契丹，并尊称辽太宗为"父皇帝"，自称"儿皇帝"。幽州从此归入契丹。

辽是我国北方少数民族在契丹族基础之上所建立的政权。916年，契丹族首领耶律阿保机统一了北方各部落，建立了契丹国，都城在今内蒙古巴林左旗，称为"皇都"。随后

■ 北京云居寺辽代佛塔

耶律阿保机登基称帝，史称辽太祖，改国号为"辽"。

938年，辽太宗将国都"皇都"改名为"上京临潢府"，并升幽州城为陪都，为"五京"之一，改称"南京析津府"，也称"燕京"。"燕京"这一称号从此就开始了。

辽国时期的燕京城，是"五京"之中规模最大和最繁华的一座。北京现存最古老的地上建筑密檐式八角砖塔，现位于广安门北滨河路西侧的天宁寺院内，距今已有1000多年历史了。

位于北京市房山区云居寺西北山顶上的八角砖塔，建于辽代，为砖砌八角形五层密檐式塔，高约9米。砖砌八角形须弥座的上方，由砖雕仰莲承托塔身。密檐之上的刹顶为宝珠。此塔是保护寺庙平安的吉祥塔，俗称老虎塔。

千古都城

三大古都的千古传奇

阅读链接

房山区的八角砖塔旧时曾称老虎塔，关于老虎塔，还有一个古老的传说呢！

相传，以前在云居寺有800多僧人，靠听梆子声有秩序地打粥吃饭，后来每逢梆子响就有个白胡子老头排在队伍中来吃饭。老住持就把敲梆子改为由人通知开饭，从此再也没见白胡子老头来吃饭。

后来僧人在寺西北的小山上发现了一只饿死的白额老虎，头朝向云居寺。出家人应以慈悲为怀，老住持感到十分后悔，于是便吩咐僧人建造了这座老虎塔，以纪念白额老虎。

金中都时期始建卢沟桥

　　1123年，宋、金两国联合讨伐辽国，攻占了燕京。宋金议和后，燕京回归北宋，建立燕山府，因为临近燕山脚下，所以燕京又称燕山。

　　1126年，北宋京都汴梁被金军攻破，宋徽宗和宋钦宗两位皇帝以及宗室、官僚3000多人成了阶下囚，北宋王朝灭亡了。

■卢沟桥

1151年4月，金海陵王完颜亮下诏从上京会宁府迁都燕京，同时任命尚书右丞张浩、燕京留守和大名尹卢彦伦等负责燕京城的扩建与宫室的营造。

1153年，金正式迁都燕京，金的第四位皇帝完颜亮仿效辽国的"五京"制度，定燕京新都为"中都大兴府"。另外定了四个陪都，分别是北京大定府、南京开封府、东京辽阳府和西京大同府。

金中都仿照北宋汴京的规制，在辽南京城基础上扩建。东城墙自四路通向北，穿过明清护城河，在北新华街西侧与北墙相接，城墙上有3门：施仁、宣曜和阳春。

金中都的中心是皇城，东西窄，南北长，周围1500米。皇城中有宫城，中心大安殿是朝会庆典之所。玉华门外是皇家园林同乐园，有鱼藻池等名胜。

■ 金中都遗址前的石狮子

鱼藻池就是太液池，遗址就是后来疏挖的青年湖。

皇城外是都城，周围18千米，共13个城门。据考证，商业中心可能在会城门内天宁寺一带，也有可能在金代漕运沿线一带。

金中都东有3个城门：施仁门、宣曜门和阳春门，36座殿，此外还有众多的楼阁和园池名胜。城的东北有琼华岛，岛内建有离宫，以供皇帝游幸。

金中都的建筑规划特点主要有3点：

一是宫城位置居中；二是向《考工记》的规划思想靠拢；三是城内增建礼制建筑，如祭祀天、地、风、雨、日、月的郊天坛、风师坛、雨师坛、朝日坛、夕月坛等。

为了使中都繁荣，海陵王完颜亮采纳了张浩的建议，凡是住在中都附近的居民，免去赋役10年。

元世宗时期，为了便利漕运，又利用金口河引永定河水，开凿东到通州的运粮河。但因为地势落差很大，无法控制水势，运河开成后，很快就淤塞了。不久，又将金口河填塞，以防止永定河洪水泛滥并危及京城。

从金海陵王完颜亮迁都于此开始，到1214年金宣宗完颜珣离开中都并南迁到汴京后，中都作为金朝都城共61年。1215年，金中都被蒙古军队攻陷，城池遭受毁坏。

在现在的丰台区卢沟桥乡界内尚存有元中都遗址西、南城墙遗址3处：三路居凤凰嘴村为城西南墙角，墙体残高3米，绵亘约百余米，墙南面的水渠为金代护城河遗迹，这是金中都遗址较大的一处。

■金代宫殿遗址

张浩 字浩然，历仕太祖、太宗、熙宗、海陵王等职，官至尚书令。他曾任宰相10多年，是金代较为重要的历史人物。张浩一家尤其显贵，是当时辽东的望族。张浩出身官宦人家，熟通汉文化，通晓中原文物制度，这使他在女真族的封建制改革中能够发挥重要作用。

千古都城

三大古都的千古传奇

■ 卢沟桥水景

拱桥 指的是在竖直平面内以拱作为上部结构主要承重构件的桥梁。最早出现的拱桥是石拱桥，借着类似梯形石头的小单位，将桥本身的重量和加诸其上的载重，水平传递到两端的桥墩。后来的拱桥更多地使用混凝土或钢材建造。

万泉寺村有南墙两段，并连在一起；东管头高楼村有西墙一段。这些元中都遗址均为夯土墙，是北京市重点保护文物。

早在战国时代，卢沟桥渡口就是燕蓟交通要冲和兵家必争之地。1153年金朝定都燕京之后，为了南北交通，金章宗完颜璟决定在卢沟桥上建造石桥。

1189年，金章宗开始修建卢沟桥，1192年终于建成了横跨永定河的卢沟石桥。卢沟桥也写作芦沟桥，位于北京市区西南约15千米的永定河上。永定河，原名芦沟河，芦沟桥因此得名。

卢沟桥是北京现存最古老的石造联拱桥，全长266米，宽7米多，最宽处有9米多。有10座桥墩，11个桥孔。整个桥身都是石体结构，关键部位都有铁锭铁榫连接，是华北最长的古代石桥。

卢沟桥两侧石雕护栏各有140条望柱，柱头上均雕有石狮，形态各异，据记载原有600多个，现存500

多个。石狮多为明清之物，也有少量的金元遗存。

著名建筑学家在《名闻中外的卢沟桥》一文中曾对这些雕刻精美、神态活现的石狮子有过极为生动的描绘：

有的昂首挺胸，仰望云天；有的双目凝神，注视桥面；有的侧身转首，两两相对，好像在交谈；有的在抚育狮儿，真是千姿百态，神情活现。

■ 卢沟晓月

"卢沟晓月"美景从金章宗年间就被列为"燕京八景"之一。

1444年，卢沟桥得以重修。由于清康熙年间永定

■ 卢沟桥的桥面

河发洪水，桥身受损严重，不能再使用了。而卢沟桥上的大量古迹也在洪水中销声匿迹。

1698年重修卢沟桥后，康熙皇帝命令在桥西头立碑，记述重修卢沟桥这一事件。桥东头则立有乾隆题写的"卢沟晓月"碑。

卢沟桥在建筑方面最有特色的，是桥墩的造法。墩的下面呈船形，迎水面砌作分水尖，外形像一个尖尖的船头，它的作用在于分散流水的冲击。

桥上的石刻十分精美，桥身的石雕护栏上共有望柱280多根，柱高1.4米，柱头刻莲座，座下为荷叶墩，柱顶刻有众多的石狮。望柱上雕有大小不等、形态各异和数之不尽的石狮子。

天下名桥各有特长，而卢沟桥却以高超的建桥技术和精美的石狮雕刻显得独具风韵，誉满中外，实属古今世界建筑史上的一大奇观。

1908年，清光绪帝死后，葬于河北省易县清西陵，途中必须通过卢沟桥。由于桥面窄，人们只得将桥边的石栏拆除，并添搭木桥。事后，又将石栏照原样恢复了。

三大古都的千古传奇

阅读链接

民间有句歇后语："卢沟桥的石狮子——数不清"。有史以来，凡是到过卢沟桥的人，都试图搞清楚卢沟桥石狮的具体数目。但是，人们数来数去，无数大小不一的石狮令人眼花缭乱，最后只得作罢。

1962年，我国有关部门专门派人搞了一次清点，逐个编号登记，清点出大小石狮子485个，至此，应该说是"谜团冰释"了。谁也没有料到，在1979年的复查中，又发现了17个，这样，大小石狮子的总数应为502个，今后是否还会发现，谁也不敢来画这个句号。

元大都时的繁荣及妙应寺塔

8世纪时，我国北方的又一个游牧民族蒙古族开始西迁，游牧于斡难河和怯绿连河之间。在12世纪末，蒙古族逐渐强盛起来。

1215年，蒙古可汗成吉思汗举兵南下，攻下中都后，又把中都改为燕京，把这里作为蒙古贵族统治的重要据点。成吉思汗开始在燕京派驻断事官，建立行政机构，统辖各路，当时称燕京行台或行尚书省。

1260年，元世祖忽必烈继承大汗位，于1264年改燕京为中都。1271年，忽必烈建国号大元。第二年，改中都为大

■ 元世祖（1215—1294年），孛儿只斤·忽必烈，元代的创建者，蒙古尊号"薛禅汗"。忽必烈建立了幅员辽阔的统一多民族国家元朝，是蒙古族卓越的政治家、军事家。在位35年，1294年病逝，庙号世祖。

都，并定为都城，谋划大规模建设大都新城。

1276年，大都新城完全建成，这就是后来人们常说的元大都，也就是老北京城的前身，成为北京城后来的大致框架结构模式。元大都位于金中都旧城东北。1267年开始动工，历时20多年，完成了宫城、宫殿、皇城、都城、王府等工程的建造，新一代帝都基本成型。

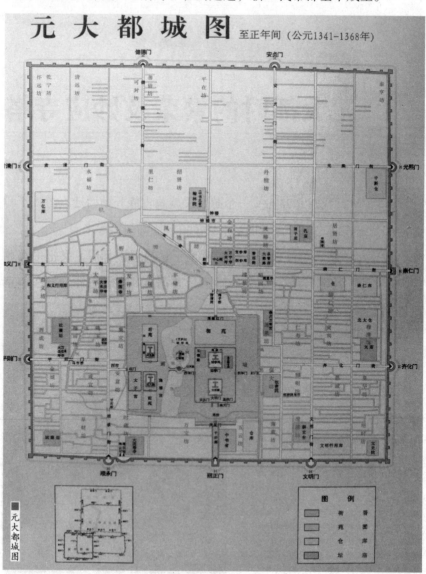

元大都城图

■元大都土城遗址

　　1285年，元朝政府诏令规定，富有者和任官职者必须先迁入大都新城，结果大量平民百姓只得依旧留在中都旧城。

　　虽然在元大都基础上建起了新城，但是旧城并未毁弃，仍是元大都的一部分。当时习惯把新城称为北城，旧城称为南城。但旧城居民后来大多移居新城，因而新城繁荣，旧城萧条。新城中集市达30多处，商业十分繁华。

　　元大都土城遗址周长28.6千米，平面布局呈长方形，在每个拐角上建有角楼。城墙基宽2.4米，墙体为夯土筑成，故又称土城。

　　元后期又在各门外加筑瓮城。明筑北京城时将北城墙南移500米，使北部土城废弃，成为约12千米的遗址。城墙外围还有护城河的遗迹。

　　据史记载，元大都土城的设计都用直线规划。一

瓮城　是为了加强城堡或关隘的防守，而在城门外修建的半圆形或方形的护门小城，属于我国古代城市城墙的一部分。瓮城两侧与城墙连在一起建立，设有箭楼、门闸、雉堞等防御设施。瓮城城门通常与所保护的城门不在同一直线上，以防攻城槌等武器的进攻。

■ 妙应寺建筑

铜壶滴漏 我国古代的自动测量时间的装置，又称刻漏或漏刻。漏壶的最早记载见于儒家经典《周礼》。1135年，宋代王普所著的《官术刻漏图》中就曾描述一种莲华漏，后来该书失传。根据宋朝杨军的《六经图》转述，莲华漏由4个壶组成。

个人若站在城门上，朝正前方远望，便可看见对面城墙的城门。城内公共街道两侧，有各种各样的商店和货摊，整个城市按四方形布置，如同一块棋盘。

元大都街道分布的基本形式是：在南北向主干大道的东西两侧，等距离地并列着许多东西向的胡同。元大都相邻两城门区间内并列22条胡同，这种元大都城街道的布局，奠定了后来北京城市的基本格局。

元大都城有中心台，是城市中心，这在我国城市建筑史上尚属首创。东中心阁和齐政楼就是元大都城鼓楼。鼓楼上装有壶漏、鼓角等计时和报时工具。钟楼上有阁楼，内置大钟，一旦敲钟，全城都能听见。

元大都城市建设上的一个创举就是在市中心设置了高大的钟楼和鼓楼作为全城的报时机构。我国古代在市中心单独建造钟楼和鼓楼，上设铜壶滴漏和鼓角报时则史无先例。

钟楼和鼓楼是元朝统治者控制大都的工具之一。据有关记载，每夜鸣钟报时，第三次钟响后，任何人都不得在街上行走。

作为京师的元大都城，因是政治中心和文化中心，所以人烟茂盛，商业经济十分繁荣。都城内外的商业行市就达到30多种，有米市、面市、皮帽市、穷汉市、珍宝市、柴炭市和铁器市等。元大都中东城区是衙署和贵族住宅的集中地，商市较多。

元大都北城区因郭守敬开通通惠河使积水潭成了南北大运河终点码头，沿积水潭一带就形成了繁荣的商业区。积水潭北岸的斜街更是热闹，米市、面市、帽市、缎子市和鹅鸭市等一应俱全。

在元大都市场上做生意的不但有我国境内南北的豪商巨贾，而且还有来自中亚和南亚的商人，凡是世界上最为稀奇珍贵的东西，都能在这座城市找到。

经济繁荣也带动了社会各方面繁荣和发展。最能反映时代特征的就是建筑。元代的建筑主要有木结构建筑和砖砌建筑，整座城市的建筑都以大都为中心，初步具备了明、清时代北京城的规模。

但是，在北京的元故宫于明初就被大将军徐达拆毁了，北京其他的元代建筑物也曾毁于战火，后世所存也为数不多。这一时期最著名的建筑就是妙应寺白塔。

元代妙应寺白塔位于北京阜城门内大街路北的妙应寺内，因为寺内有通体涂以

运河 用来沟通地区或水域间水运的人工水道，通常与自然水道或其他运河相连。除航运外，运河还用于灌溉、分洪、排涝、给水等。我国运河建设历史悠久，早在秦始皇时期，秦始皇为了沟通湘江和漓江之间的航运而开挖了灵渠。

■ 郭守敬雕像

须弥座 金刚座、须弥坛，源自印度，是安置佛、菩萨像的台座。须弥即指须弥山，在印度古代传说中，须弥山是世界的中心。用须弥山做底，以显示佛的神圣伟大。

■妙应寺大门

■ 阿尼哥（1244—1306年），元代建筑师，雕塑家，工艺美术家。尼泊尔人，是王室的后裔。阿尼哥巧思绝人，技艺精湛，主持的大型工事有寺塔三座，大寺九座，祠祀两座，道宫一座。

白垩的塔，俗称"白塔寺"。

元世祖忽必烈崇信佛法，他为了安置释迦佛舍利，于1271年在大都城西南修建了这座大型喇嘛塔。这是由当时的尼泊尔最著名的工艺家阿尼哥奉敕主持修建的。

寺塔于1279年建成后，又在塔前修建了一座规模宏大的寺院，旧名"大圣寿万安寺"。

寺院殿堂是元朝皇室在大都兴建的重要工程之一。1368年全部殿堂都被雷火焚毁，仅白塔得以幸免。明代又对佛塔进行修复，改称"妙应寺"。

清康熙、乾隆年间又几经修葺。妙应寺塔是元大都保留至今的重要标志，也是我国现存最早最大的一座藏式佛塔。

妙应寺由四层殿堂和塔院组成。院中间耸立着白

塔，四周各建小角亭一座。白塔由塔基、塔身和塔刹3部分组成。台基分3层，最下层呈方形，台前有一通道，可直登塔基，上、中二层是亚字形的须弥座。

■妙应寺白塔

台基上砌基座，将塔身、基座连接一起。莲座上又有5条环带，承托塔身。塔身俗称"宝瓶"，再上就是13天相轮，顶端为华盖，华盖四周悬挂着36副铜质透雕流苏和风铃，微风吹动，铃声悦耳。

华盖中心处，还有一座高约5米的鎏金宝顶，以8条粗壮的铁链将宝顶固定在铜盘之上。

位于塔顶的塔刹高5米，重4吨，仍是一座小型的鎏金铜制佛塔。1978年，有关部门对妙应寺白塔进行了维修加固。在施工过程中，发现了清朝乾隆帝于1753年存留在塔刹内的大藏经、木雕观世音像、补花袈裟、五佛冠、乾隆帝手书《波罗蜜多心经》、藏文《尊胜咒》、铜三世佛像和赤金舍利长寿佛等。

阅读链接

元朝的钟楼大街是非常热闹的，尤其引人注目的是在鼓楼附近还有一处全城最大的"穷汉市"，那就是城市贫民出卖劳动力的市场。

西城区有骆驼市、羊市、牛市、马市、驴骡市等，牲口买卖都集中在这里，居民层次低于东城区。南城区就是金中都旧城区，有南城市、蒸饼市、穷汉市，以及新城前三门外关厢地带的车市、果市、菜市、草市、穷汉市等。

由于前三门外是水陆交通的总汇，所以商市、居民密集，形成城乡结合部和新旧二城交接处的繁华地区。

明朝时期大力扩建北京城

1368年，朱元璋攻陷元大都，将大都改称北平府。1398年，皇太孙朱允炆即位，年号建文。1399年，燕王朱棣发动靖难之变，从他侄儿的手里夺取了帝位。

朱棣即位后，首先迁都北平并把北平改称北京。1406年开始，北京进行大规模扩建，延续15年

■ 朱元璋（1328—1398年），明太祖朱元璋，字国瑞，明朝开国皇帝，原名朱重八。1368年于南京称帝，国号明，年号洪武，建立了全国统一的封建政权。其统治时期被称为"洪武之治"。

■ 紫禁城角楼

之久。

明朝是我国历史上由朱姓建立的中原王朝，历经12世、12位皇帝，共276年。

明朝共有224年定都于北京。从而使得城市的格局既有很强的继承性，又有自身的特点。城的四角都建了角楼，又把钟楼移到了全城的中轴线上。

明朝北京城由宫城、皇城、内城和外城4个部分组成。紫禁城是一座长方形的城池，四周有高10米多的城墙围绕，城墙的外沿周长约3.4千米。紫禁城城墙四边各有一门，城墙的四角有四座设计精巧的角楼。

皇城位于京城内，环绕在宫城外，是拱卫皇宫并为皇宫提供各种服务和生活保障的特殊城池，面积约7平方千米。

皇城的正门是天安门，位于皇城南垣正中。明时称承天门，1651年改建并易名为天安门。天安门的高

中原 是一个地域概念，是指以河南为核心延及黄河中下游的广大地区，这一地区是中华文明的发源地，被古代华夏民族视为天下中心。古人常将"中国""中土""中州"用作中原的同义语。一般认为，中原地区在古代系华夏族部落集中分布的区域，中心是古豫州。

大城台下有5个拱形门洞，这便是天安门实际意义上的门了。

在5个门洞中，中间的门洞最大，这座门等级最高，明、清时只有皇帝才可由此门通过。其余四个门洞分列左右，依次缩小，允许宗室王公和三品以上的文武官员出入。最外的两个门洞最小，各为四品以下官员的通道。

皇城的东门称东安门，位于皇城东墙中间偏南。始建于1417年，1912年遭到焚毁。皇城的西面是西安门，位于皇城西墙中段偏北处，后被焚毁殆尽。

皇城的北面是北安门，清代改称地安门。地安门位于皇城北墙正中，始建于1420年。清代顺治、乾隆年间都曾重修，1954年被拆除。

天安门的正南有大明门，位于城市中轴线上，是明清两代皇城正门天安门的外门，又称"皇城第一门"，始建于明代永乐年间，清初改称大清门，后称中华门。

天安门前的东西两侧有长安左门和长安右门，长安街也因二门而得名，取长治久安之意。长安左门为皇城天安门的东复门，长安右门

北京天安门

■ 北京德胜门箭楼

为天安门的西复门。

北京内城位于皇城和外城之间，内城城墙是明朝在元大都城墙的基础上经多次改建而成的。周长40千米，其位置大体与今北京东城、西城两区相当。

清朝入关后，清廷下令圈占内城的房舍给旗人居住。内城以皇城为中心，由八旗分立四角八方。

内城一共有9座城门，沿现在的北京二环路分布，分别是正阳门、崇文门、朝阳门、东直门、安定门、德胜门、西直门、阜成门、宣武门。

西直门明代称和义门，是运水通道。东直门明代称为崇仁门，是过往运送柴炭车的门，叫做柴道。只要是老百姓日常生活所必需的，都可在这条街上找到。朝阳门明代称为齐化门，是运粮通道。崇文门叫哈德门，是运送酒的通道。

正阳门位于内城南垣的正中，是皇帝专用通道。

八旗 八旗制度，是清太祖努尔哈赤于1601年正式创立，初建时设黄旗、白旗、红旗和蓝旗等四旗。1614年将四旗改为正黄、正白、正红、正蓝，并增设镶黄、镶白、镶红、镶蓝四旗，合称八旗，统率满、蒙、汉族军队。皇太极继位后又创建了蒙古八旗和汉军八旗，其编制与满八旗相同。

菜市口 清朝著名的杀人法场，位于宣武区菜市口百货商场附近。犯人被杀后便有人在此卖菜，菜市生意兴隆，故菜市口由此而得名。早在辽时，菜市口是安东门外的郊野，金时是施仁门里的丁字街，明朝是京城最大的蔬菜市场，菜市最集中的街口称为"菜市街"，清朝时改称菜市口，并沿用下来。

皇上每年冬季到天坛祭天，惊蛰到先农坛去耕地，这两次出行都是要走正阳门。正阳门也叫前门。

宣武门叫顺治门，死囚从此门押出，拉到菜市口斩首。明清处决死囚选择闹市区，目的是起到震慑作用。阜成门当时叫平则门，是运煤通道。德胜门是军队得胜班师回朝进入的门。

外城是老北京最外侧的一道城墙。北京的外城城墙是明嘉靖年间为防御外敌而修建的。外城城墙与内城城墙相比低矮得多。外城城墙结构与内城基本一致，其周长约14千米，共设有7座城门。

古代最大的建筑群北京宫殿，曾经有24个明、清皇帝在其内统治我国达5个世纪之久。宫殿的营建始于1417年，完成于1420年。

北京宫殿中的"外朝内廷""东西六宫""三朝五门""左文华右武英""左祖右社"、人工堆作万岁

■北京外城城墙

■祭祖圣地太庙

山等做法，是仿照明初南京宫殿的模式，规模比南京大。

建筑北京宫殿只花了4年时间，这么大的建筑群能在短时期内完成，显然和我国传统木构架建筑技术的优点是分不开的，但也和提前备料有关。

紫禁城大内宫殿仍沿旧宫基址的原有轴线布置，四面开门，设角楼。全城分为外朝和内廷两部分。外朝以中轴线上的奉天、华盖、谨身三殿为中心。内廷的建筑以中轴线上的乾清宫、交泰殿、坤宁宫三宫为中心，这是皇帝和皇后的住所。

此外，内廷还有供皇太子和皇子们居住的瑞本宫，祭祖用的奉先殿，先朝宫妃养老的仁寿宫，以及管理宫内事务的各种司、局等。

城前两侧还有两组重要建筑群，东侧是太庙，奉祀皇帝历代祖先，这是皇权世袭神圣不可侵犯的

世袭 指某专权一代继一代地保持在某个血缘家庭中的一种社会概念，为政治世袭和经济世袭两类。自汉朝开始，官职不许世袭。从魏晋开始，世袭被进一步区分为世袭罔替和世袭。从宋朝开始，出现了爵位不能世袭的现象。明朝皇族封爵均世袭罔替。清朝世袭罔替的爵位主要为铁帽子王。

■鸟瞰御花园

象征。西侧是社稷坛，坛上铺五色土，这意味着"普天之下，莫非王土"。这两组象征意义极强的建筑是根据传统的"左祖右社"的形制来布置的。

　　紫禁城外还有一座小城北海团城，团城、紫禁城各处门没有大的区别。皇城只存天安门和端门，内城只留正阳门、德胜门箭楼及东南角楼。

阅读链接

　　长安左门是皇城天安门的东复门。因明清殿试后将黄榜张挂在左门外临时搭建的龙棚内。考生们聚此看榜，一旦金榜题名，犹如鱼跃龙门，所以古时又称此门为"龙门""孔圣门"，为附"左青龙、右白虎"之意，又称"青龙门"。

　　长安右门为西复门，每年的"秋审""朝审"，都在此门内举行。届时全国死囚都要入此门进行讯问，确认无疑者即绑缚刑场执行。囚犯一旦入长安右门如入虎口，凶多吉少，故此门又称为"虎门"，为附"左青龙、右白虎"之意，此门又称"白虎门"。

明王朝建天坛和万寿塔

在古都北京的所有建筑中，耗时最长的要数天坛了。天坛地处原北京外城的东南部，始建于1406年，完成于1420年。

明王朝用工14年与紫禁城同时建成，名为天地坛。1534年，把天地坛改称天坛，成为我国明、清两朝历代皇帝祭天之地。

■天坛祈年殿

五行 我国古代一种物质观，多用于哲学、中医学和占卜方面。五行指金、木、水、火、土，认为大自然由五种要素构成，随着五要素的盛衰，使得大自然产生变化，影响人的命运，也使宇宙万物循环不已。五行学说强调整体概念，描绘事物间的结构关系和运动形式。

北京天坛占地272万平方米，整个面积比紫禁城还大些，有两重垣墙，形成内外坛。坛墙呈现南方北圆，象征着天圆地方。

圜丘坛在南，祈谷坛在北，并且两坛同在一条南北轴线上，况且中间有墙相隔。圜丘坛内主要建筑有圜丘坛、皇穹宇等，祈谷坛内主要建筑有祈年殿、皇乾殿、祈年门等。

祈年殿建于1420年，初名"大祀殿"，是一个矩形大殿，是古代明堂式建筑仅存的一列，也是天坛的主要建筑。圜丘建于1530年。

天坛从选位、规划、建筑的设计以及祭祀礼仪和祭祀乐舞，无不依据我国古代《周易》阴阳、五行等学说，成功地把古人对"天"的认识、"天人关系"以及对上苍的愿望表现得淋漓尽致。我国各朝各代均

■ 天坛祈年殿全景

建坛祭天，而北京天坛是完整保存下来的仅有一例。

　　天坛建筑是我国古文化的载体。天坛在建筑设计和营造上集明、清建筑技术、艺术之大成。祈年殿、皇穹宇是木制构件、圆形平面、形体巨大、工艺精制、构思巧妙的殿宇，是我国古建筑中罕见的实例。

　　天坛的主要建筑均位于内坛，从南到北排列在一条直线上。祈年殿是皇帝祈祷五谷丰登的场所，是一座三重檐的圆形大殿，高38米，蓝色琉璃瓦顶，全砖木结构，没有大梁长檩，全靠28根木柱和36根枋桷支撑，在建筑的造型上具有高度的艺术价值。

　　圜丘坛是皇帝举行祭天大礼的地方，坛平面呈圆形，共分3层，皆设汉白玉栏板。坛面原来使用蓝琉璃砖。1749年重建后，改用坚硬耐久的艾叶青石铺设。每层的栏杆头上都刻有云龙纹。

　　圜丘坛有外方内圆两重矮墙，象征着天圆地方。圜丘坛的附属建筑有皇穹宇，此外还有配庑、神库、

琉璃瓦 琉璃产生于古印度语，随着佛教文化传到我国，原来的代表色指蓝色。我国古代宝石中有一种琉璃属于七宝之一，后来，琉璃包括红、白、黑、黄、绿、绀蓝等色。人们施以颜色釉后，在高温下烧成的上釉瓦因此被称为琉璃瓦。

■ 和玺彩画 又称宫殿建筑彩画，在清代是一种最高等级的彩画，大多画在宫殿建筑上或与皇家有关的建筑之上。和玺彩画是我国古代建筑中的一个常见而重要的装饰手法。

藻井 我国传统建筑室内顶棚的独特装饰部分。一般做成隆起的井状，有方形、多边形或圆形凹面，周围饰以各种花藻井纹、雕刻和彩绘。多用在宫殿、寺庙中的宝座、佛坛上方最重要部位。古人穴居时就在穴洞顶部开洞，出现房屋后仍保留这一形式。

宰牲亭等。

皇穹宇位于圜丘坛以北，是供奉圜丘坛祭祀神位的场所，存放祭祀神牌的处所，为重檐圆攒尖顶建筑。1752年重建。

祈谷坛是举行孟春祈谷大典的场所，建于1420年。祈谷坛的祭坛为坛殿结合的圆形建筑，是根据古代"屋下祭帝"的说法建立的。

祈年殿由28根楠木大柱支撑，柱子环转排列，中间4根龙井柱，支撑上层屋檐。殿顶中间设置龙凤藻井。殿内梁枋施龙凤和玺彩画。

皇乾殿，坐落在祈年墙环绕的矩形院落里，是一座庑殿式大殿，是专为平时供奉"皇天上帝"和皇帝列祖列宗神版的殿宇。

圜丘坛、皇穹宇、祈谷坛是中轴线上3个主要建筑，连接这3座主建筑的是一长长的贯通南北的台基，叫丹陛桥，又叫神道或海墁大道。象征着此道与天宫相接，皇帝由南至北步步升天。

神乐署在圜丘坛西天门外西北方向，始建于1420年。神乐署是管理祭天时演奏古乐的机关，明代时叫神乐观。1420年明代迁都到北京时，有300名乐舞生随驾进北京，从此以后明代神乐观常保持有乐舞生600名左右。

古都北京另一处著名的建筑是悬挂3000塔铃的万寿塔。万寿塔原名永安万寿塔，建于1576年。塔为八角13层密檐式实心砖塔，高约50米，各层檐口都悬挂铃铎。此塔是仿天宁寺的辽塔建造。

万寿塔雄伟壮丽，雕琢精美，是明代单层多檐式塔极重要的范例。万寿塔的动人之处还有它的塔铃，塔上原有塔铃3000多个，每逢微风拂起，塔铃随风而

■北京天坛皇穹宇

北京明代万寿塔

响，优美悦耳，人们因之都叫它"玲珑塔"。

万寿塔建于1576年，挺拔秀丽，砖石结构，平面八角形，13层，高50多米，实心密檐式。

万寿塔塔基用砖砌成，为双层须弥座，须弥座有佛像、飞天、金刚力士、壸门、八宝等雕刻像。尤其是上部雕刻有全行乐器，极为罕见。

须弥座之上为3层仰莲花瓣拱托塔身。塔身每层还有佛龛24个，曾经供奉鎏金铜佛312尊。

塔身四面雕券门，四面设券窗，门窗两边塑金刚神像，塔身八角雕盘旋飞龙。

万寿塔整座古塔挺拔秀丽，雕刻精美细腻，是一件不可多得的"艺术品"。

阅读链接

双层须弥座上有许多小龛，龛内刻有佛礼故事及山川、流水、祥云、佛塔、神兽等图案。尤其是须弥座上部的笙、箫、琴、瑟、云板、铜锣等全行乐器及法螺、宝伞、莲花、宝瓶、盘长等吉祥八宝图案精美绝伦。

须弥座之上为3层仰莲花瓣拱托塔身，塔身四面有砖雕的拱券门和半圆形雕窗。门上有匾额，因年代久远，匾额上的字迹仍可见"万寿塔"几个字。

门窗两侧都有木胎金刚力士像和菩萨像，金刚力士体态威武雄浑，菩萨像仪态端庄秀丽，是不可多得的艺术精品。

清朝对北京城大规模修建

　　清朝时期的北京城，与明朝时相比没有太大的变化，只是经过几次大规模的修缮。1754年，乾隆扩建了天安门前的宫廷广场，1760年竣工。

　　增筑长安左门外围墙，长安右门外围墙，各设3座门。除此之外，个别城门名称有所改易。

　　清军占领北京并决定在此建都后，就立即着手修复北京宫室。1644年，顺治皇帝命人重建内廷皇帝居室乾清宫。1645年，乾清宫修建完工。清朝又续建原皇极殿、皇

■顺治（1638—1661年），爱新觉罗·福临，清世祖，清朝的第三位皇帝，同时也是清朝入关后的第一位皇帝，满族人，是清太宗爱新觉罗·皇太极的第九子。在位18年，死后葬于孝陵，庙号世祖。

千古都城

三大古都的千古传奇

极门、中极殿和位育宫等建筑。

　　1647年，在午门上建成五凤楼。1651年，重建承天门并改称天安门。1652年，修皇城北安门并改称地安门。1653年，重建慈宁宫。

　　1656年，内廷三殿和东西六宫中靠近中路的东三宫和西三宫整体建成，都沿用明代的旧称。由此，清北京内廷区也较完备了。1657年，大内昭事殿、奉先殿先后建成。

　　康熙盛世，清朝对北京宫室续加经营。1667年重建午门和天安门之间的端门。1669年重建太和殿，乾清宫。1695年再次重建太和殿。1683年重建启祥、长春、咸福三宫。1686年又重建延禧、永和、景阳三宫。至此，内廷东西十二宫完备。

■ 故宫乾清宫内的大殿

1697年，康熙重建坤宁宫东西暖殿和乾清宫两旁的昭仁殿和弘德殿。

至此以后，清朝北京大内外朝、内廷宫殿基本恢复明代旧观。康熙还在奉先殿西侧建了毓庆宫，作为皇太子居所，又在明仁寿宫旧址建宁寿宫，作为皇太后居所。

清朝北京皇宫在顺治、康熙两朝虽然仍属于恢复阶段，但其宏伟壮丽在世界上已经堪称一流。皇宫里有许多汉白玉石狮及其他工艺品，令人赏心悦目，赞叹不已。

宫殿的建筑结构与欧洲不同，中华帝国一切稀世珍宝，在皇城里无不应有尽有。

北京作为一座伟大的城市，从元朝至清前期的400多年间，其宏伟壮丽在世界上始终占据首位。

清朝历经康熙、雍正及乾隆三帝，综合国力及经济文化逐步得到恢复和发展，建立起了庞大的领土与藩属国，史称"康雍盛世"。

清朝建筑也沿用了明朝的帝王宫殿，清朝帝王兴建了大规模的皇家园林，这些园林建筑是清代建筑的精华，其中包括华美的圆明园与颐和园。

■ 故宫内的国宝青花云龙瓶

园林建筑 建造在园林和城市绿化地段内供人们游憩或观赏用的建筑物，常见有亭、廊、阁、轩、楼、台、舫、厅堂等建筑物。通过建造这些主要起到园林里造景，和为游览者提供观景的视点和场所；还提供休憩及活动空间等作用。

■圆明园遗址

千古都城

三大古都的千古传奇

被称为"万园之园"的圆明园建于1707年，坐落在北京西郊海淀区。它与颐和园相邻，由圆明园、长春园、绮春园三园组成。是清朝帝王在150多年间创建和经营的一座大型皇家宫苑。

圆明园是由康熙皇帝命名，康熙皇帝御书3字匾牌，悬挂在圆明园殿的门楣上方。此外，"圆明"是雍正皇帝自皇子时期一直使用的佛号。

圆明园是清朝著名的皇家园林之一，面积约3.5平方千米。圆明园最初

■胤禛（1678—1735年），清世宗爱新觉罗·胤禛，是清朝第五位皇帝，清入关后的第三位皇帝。年号雍正，庙号世宗。雍正在位时期，平定叛乱，设置军机处加强皇权，实行"改土归流""火耗归公"与"打击贪腐"等铁腕改革政策，对康乾盛世的连续具有关键性作用。

是康熙皇帝赐给皇四子胤禛的花园。雍正皇帝于1723年即位后，拓展原赐园，并在园南增建了正大光明殿和勤政殿以及内阁、六部、军机处诸值房，御以"避喧听政"。

乾隆皇帝在位60年，对圆明园时常修缮，除了对圆明园进行局部增建、改建之外，还新建了长春园。到1770年，圆明三园的格局基本形成。

嘉庆时期，主要对绮春园进行修缮和拓建。道光时期，国事日衰，财力不足，但宁撤万寿、香山、玉泉"三山"的陈设，罢热河避暑与木兰狩猎，仍不放弃对圆明三园的改建和装饰。

■ 圆明园遗址内的石柱

1860年英法联军攻占北京后，占据圆明园。英法联军洗劫两天后，向城内开进。之后英军再次洗劫圆明园。

10月18日，英军冲入圆明园，纵火焚烧圆明园，大火三天不灭，圆明园及附近的清漪园、静明园、静宜园、畅春园及海淀镇均被烧成一片废墟，安佑宫中，近300名太监、宫女和工匠葬身火海。八国联军这一可耻行径成为世界文明史上罕见的暴行。

火烧圆明园，这是人们说惯了的一个提法。其实，火烧圆明园的真正概念，乃是火烧京西皇家三山

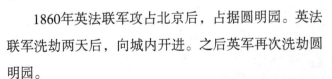

嘉庆 我国清朝入关后第五位皇帝，清仁宗爱新觉罗·顒琰，年号嘉庆，前后共25年。1820年8月，清宣宗即位后沿用此称。嘉庆皇帝力主严禁鸦片，对英国侵略者保持了高度警惕性，对英国提出的无理要求明智地严词拒绝。

五园，焚毁的范围远远比圆明园大得多。

历史上侵略军火烧圆明园曾有两次。第一次是1860年，英法联军入侵北京。英法联军火烧圆明园的本意是将其夷为平地，但是由于圆明园的面积太大，景点分散，而且水域辽阔，一些偏僻之处和水中景点幸免于难。第二次是1900年，八国联军入侵北京，再次火烧圆明园，使这里残存的13处皇家宫殿建筑又遭掠夺焚毁。

除了圆明园外，古都北京还有一处我国现存规模最大、保存最完整的皇家园林，它就是颐和园。

颐和园前身是清漪园，始建于1750年，历时15年竣工，是清代北京著名的"三山五园"之一。颐和园拥有多项世界之最、中国之最，1998年被列入《世界遗产名录》。

颐和园位于北京市海淀区，距北京城区15千米，占地约3平方千米。颐和园是利用昆明湖、万寿山为

■ 颐和园镇水铜牛

🖼 颐和园石舫

基址，以杭州西湖风景为蓝本，汲取江南园林的某些设计手法和意境而建成的一座大型天然山水园，也是保存得最完整的一座皇家行宫御苑，被誉为皇家园林博物馆。

颐和园原本是清代帝王的行宫和花园，水面约占总建筑面积的四分之三。乾隆即位以前在北京西郊一带已经建起了四座大型皇家园林。从海淀到香山，这四座园林自成一个体系，中间的"瓮山泊"便成了一片空旷地带。

1750年，乾隆皇帝为孝敬其母孝圣皇后，把这里改建为清漪园，以此为中心把两边的四个园子连成一体，形成了长达20千米的皇家园林区。

1860年，清漪园被英法联军焚毁。1888年，慈禧太后以筹措海军经费的名义动用数百万银两，重建此园，改称颐和园，作为消夏游乐地。到1900年，颐和园又遭"八国联军"的破坏，许多珍宝被劫掠一空。

八国联军 指1900年以军事行动侵入我国的大英帝国、法兰西第三共和国、德意志帝国、俄罗斯帝国、美利坚合众国、日本帝国、意大利王国、奥匈帝国的八国联合军队。这一事件最后以大清王朝战败，联军占领首都北京，清廷政府逃往陕西西安，谈和以后清朝付出白银4.5亿为终。

■ 康有为（1858—1927年），又名祖诒、字广厦、号长素，晚年别署天游化人，广东南海人，人称"康南海"，清光绪年间进士，官授工部主事。出身于仕宦家庭，乃广东望族，世代为儒，以理学传家。近代著名政治家、思想家、社会改革家、书法家和学者，著有《康子篇》《新学伪经考》等。

1903年，光绪皇帝对清漪园加以修复。后来在军阀混战、国民党统治时期，清漪园又遭破坏。1949年后，人民政府不断拨款修缮。

晚清时期，颐和园成为最高统治者在紫禁城之外最重要的政治和外交活动中心。1898年，光绪帝曾在颐和园仁寿殿接见维新思想家康有为，询问变法事宜。戊戌变法失败后，光绪被长期幽禁在园中的玉澜堂。颐和园因此被后人称为最豪华的监狱。

1900年，颐和园又遭八国联军洗劫，第二年，慈

■ 颐和园佛香阁

禧从西安回到北京后，再次动用巨款修复此园。1924年，颐和园作为对外开放公园。重修的颐和园占地面积近3000平方米。

颐和园内的建筑以佛香阁为中心，园中有景点建筑物百余座、大小院落20余处，面积7万多平方米，共有亭、台、楼、阁、廊、榭等不同形式的建筑3000多间。古树名木1600余株。

鸦片战争时期，西方列强迫清政府签订不平等条约，以武力获得在华利益。清代在抵抗外侮与内忧的同时，也一直处于改革派与守旧派拉锯战相持不下的局面。

1911年辛亥革命爆发，1912年宣统帝于2月12日退位，清代正式灭亡。清代从后金建立开始算起，共有12帝，历时296年，自入关并迁都北京以来，共历10帝，历时268年。古都北京也结束了她辉煌而坎坷的身为历代皇都的历史。

阅读链接

在颐和园昆明湖畔的玉澜堂是一座三合院式的建筑，正殿玉澜堂坐北朝南，东配殿霞芬室，西配殿藕香榭。三个殿堂原先均有后门，东殿可到仁寿殿，西殿可到湖畔码头，正殿后门直对宜芸馆。

该组建筑初建于乾隆十五年，原为一组四通八达的穿堂殿。1860年被英法联军烧毁，1886年重建。"戊戌变法"失败后，曾于此处囚禁光绪。当时为防止光绪帝与外界接触，曾砌了多道墙壁，今虽大部分拆除，但仍能见到痕迹。

正殿内陈设大都是乾隆时制品，御案后紫檀木屏风很有特色，画面立体感很强。宝座、御案、香几等均为浅色沉香木和深色紫檀木制成，极为珍贵。

东暖阁是早膳室，西暖阁为寝宫，现在之陈设为原物。大殿内的陈设大多是乾隆时遗物。后檐及两配殿均砌砖墙与外界隔绝，是颐和园中一处重要的历史遗迹。

古都民俗文化和民俗工艺

古都北京有着深厚的文化底蕴，民俗文化蔚为大观。这些传统文化中，无不体现出老北京人优雅、乐观的生活状态。

京剧、京韵大鼓、京味儿相声是老北京传统文化的精华，而养鸽子、养蛐蛐、养蝈蝈、吹糖人、捏面人、抖空竹等习俗，则是老北京人乐观生活的体现。

北京的京剧艺术闻名海外，是我国四大国粹之一。京剧是我国主要剧种之一，京剧在1840年前后形成于北京，盛

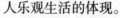

■脸谱 我国戏曲演员脸上的绘画，用于舞台演出时的化妆造型艺术。不同的行当，脸谱也不同。"生""旦"面部化妆简单，而"净行"与"丑行"面部绘画比较复杂，特别是净，都是重施油彩的，图案复杂，因此称"花脸"。戏曲中的脸谱，主要指净的面部绘画。而"丑"，在鼻梁上抹一小块白粉，俗称小花脸。

■北京的面人玩具

行于20世纪30至40年代，当时有国剧之称。京剧从产生以来曾经有过许多名称，有乱弹、簧调、京簧、京二簧、皮簧、二黄、大戏、国剧、京戏、京剧等。

京剧音乐属于板腔体，主要唱腔有二黄、西皮两个系统，所以京剧也称皮黄。京剧常用唱腔还有南梆子、四平调、高拨子和吹腔等。

京剧的传统剧目约有1000个。京剧角色的行当划分比较严格，早期分为生、旦、净、末、丑、武行、龙套七行，以后归为生、旦、净、丑四大行，每一种行当内又有细致的分工。京剧脸谱分为整脸、英雄脸、六分脸、歪脸、神仙脸、丑角脸等。京剧的主要名角有谭鑫培、梅兰芳、尚小云、盖叫天等。

京剧的代表剧目有《霸王别姬》《白蛇传》《定军山》《贵妃醉酒》《金玉奴》《穆桂英大破天门阵》《玉

板腔体 我国戏曲、曲艺音乐中的一种结构体式。或称"板式变化体"。以对称上下句作为唱腔基本单位，在此基础上，按照一定变体原则，演变为各种不同板式。通过各种不同板式的转换构成一场戏或整出戏的音乐。曲艺中如大鼓、河南坠子等，都属板腔体。

■ 京剧《霸王别姬》剧照

刘宝全 （1869—1942年），京韵大鼓演员，刘派京韵大鼓创始人。刘宝全的大鼓唱腔是综合胡十、宋五、霍明亮三家之长加以创造而形成的。他还把京剧、河北梆子、石韵等表现手法融合到京韵大鼓的唱腔和表演中。

堂春》《让徐州》《搜孤救孤》《徐策跑城》等。

在北京剧种中，仅次于京剧地位的便是京韵大鼓。京韵大鼓是北京地区的一种民间曲艺，特点是以北京话为语言基础，唱中有说，说中有唱。京韵大鼓最初是在河北省沧州、河间一带流行的木板大鼓发展而来，形成于北京、天津两地。

河北木板大鼓传入天津、北京后，艺人刘宝全改以北京的语音声调来吐字发音，吸收石韵书、马头调和京剧的一些唱法，创制新腔，专唱短篇曲目，称京韵大鼓。基本唱腔包括慢板和紧慢板。韵白在京韵大鼓演唱中也有重要的位置，韵白讲究语气韵味，要半说半唱，与唱腔自然衔接。

除了京剧和京韵大鼓，在北京民间最喜闻乐见的就是京味儿相声。

相声一词，古作像生，原指模拟别人的言行，后来发展成为像声，又称隔壁像声。

京味儿相声起源于华北地区的民间说唱曲艺，在明朝就已盛行。

经清朝时期的发展直到20世纪初，像声逐渐从一个人模拟口技发展成为单口笑话，名称也就随之转变为相声。

后来，单一类型的单口相声逐步发展为多种类型的单口相声、对口相声、群口相声。经过多年的发展，对口相声最终成为最受观众喜爱的相声形式。

张三禄是目前见于文字记载最早的京味儿相声艺人。他的艺术生涯始于清朝的道光年间。但是一般来说，相声界把朱绍文称作他们的祖师爷。传统相声四

口技 民间的表演技艺，是杂技的一种。古代的口技只是一种仿声艺术，表演者用口模仿各种声音，能使听的人产生一种身临其境的感觉，是我国文化艺术的宝贵遗产之一。这种技艺，清代属"百戏"之一种，表演者多隐身在布幔或屏风后边，俗称"隔壁戏"。

■ 相声演员陶像

大基本功是说、学、逗、唱。

老北京除了这些广为流传的曲艺活动，还有一些闻名全国的娱乐习俗，如养鸽子、养蝈蝈、斗鸡等。

除了民间曲艺和娱乐习俗，古都北京的特色工艺也远近闻名。最著名的有景泰蓝、玉雕、牙雕、雕漆、金漆镶嵌、花丝镶嵌、宫毯、京绣等八大工艺门类，俗称燕京八绝。

这八大特色工艺几乎都有一个共同的特点，那就是它们都曾经是专门为宫廷服务的，日后才逐步流入民间，因此，可以看做是老北京宫廷技艺的精华。

流行于北京民间的还有吹糖人手艺、捏面人手艺和毛猴工艺品。这些精美绝伦的艺术品历经千年经久不衰，更体现出古都古文化的无穷魅力。

千古都城

三大古都的千古传奇

阅读链接

捏面人这种手艺流传到如今有两三百年的历史。传说当年，刘墉在北京当官，厨房里有个大师傅也姓刘。

这一年，刘厨师老家来了个王姓亲戚，因为家乡年景不好，就来投奔京城的刘师傅，在刘墉府上干些杂活。

老王很会做面活，捏什么像什么，受到刘墉和皇帝的赏赐。后来，老王又琢磨着捏出了许多人物，花样越捏越多，手艺也越干越精。

老王年纪大了，就把手艺传给了儿子，还收了几个孩子做徒弟。捏面人这门手艺也就一代一代在北京传了下来。

古都著名景观和宗教名胜

　　古都北京曾有"燕京八景"的说法，然而，伴随着岁月的风霜雨雪和天灾人祸，这些景观大多都淹没在历史的烟雾之中了。

　　北京著名景观除了颐和园、圆明园遗址外，还有八达岭长城、明皇十三陵、周口店遗址、什刹海等。这些景观，无疑是古都北京人文

■ 宁静的什刹海

历史的象征。

十三陵 我国明代皇帝的墓葬群，坐落在北京西北郊昌平区境内的燕山山麓的天寿山。这里自1409年开始作长陵，到明朝最后一帝崇祯葬入思陵止，先后修建了13座皇帝陵墓、7座妃子墓、1座太监墓。共埋葬了13位皇帝、23位皇后、2位太子、30余名妃嫔和1位太监。

八达岭长城的关城建于1505年，位于北京市延庆县，史称天下九塞之一，是万里长城的精华，在明长城中独具代表性。八达岭长城在明朝嘉靖、万历年间曾有修葺，楼台段长城地势险峻，是明朝重要的军事关隘和北京的重要屏障。

明十三陵是我国明朝皇帝的墓葬群，坐落在北京西北郊昌平区境内的天寿山，总面积1200多平方千米，距离北京约50千米。陵区地处东西北三面环山的小盆地之中，陵区的周围有群山环抱，山明水秀，景色宜人，是难得的风水宝地。

十三陵自1408年5月开始修建长陵，到明朝最后一位皇帝崇祯葬入思陵为止，是我国历代帝王陵寝建筑中保存得比较好的一处。

什刹海也写作十刹海，据史料记载，它四周原

■ 十三陵中的献陵

有10座佛寺，因此有这个称呼。什刹海在元朝称作海子，是处一宽而长的水面，明朝初年，水面缩小，后逐渐形成西海、后海、前海，三海水道相通。这里自清朝起，就成为京城人游乐消夏的地方。

什刹海景区是老北京风貌保存最完好的地方。历史上这里曾建有王府、寺观、庵庙等达30多处，现存十几处。周边还有大量典型的胡同和四合院。

恭王府是北京规模最大，保存最完整的清代王府，位于什刹海西北角，始建于18世纪末。早期是乾隆年间大学士和珅宅第，1799年和珅获罪，宅第被没收赐给庆郡王，1851年改赐给恭亲王爱新觉罗·奕䜣，成为恭王府。

恭王府是北京现存最完整、布置最精的一座清代王府。著名学者侯仁之称之为"一座恭王府，半部清代史"。恭王府分为平行的东中西三路，是世界最大的四合院。

景山地处北京城的中轴线上，原是元、明、清三

和珅（1750—1799年），原名善保，字致斋，钮祜禄氏，满洲正红旗二甲喇人。曾兼任多职，封一等忠襄公，任首席大学士、领班军机大臣，兼管吏部、户部、刑部、理藩院、户部三库，还兼任翰林院掌院学士、《四库全书》总裁官、领侍卫内大臣、步军统领等要职，权势之大，清朝罕有。

乾隆（1711—1799年），清高宗爱新觉罗·弘历，清朝第六位皇帝的年号，寓意"天道昌隆"。25岁登基，在位60年，退位后当了三年太上皇，是我国历史上执政时间最长、年寿最高的皇帝。乾隆帝在位期间平定叛乱、巩固发展，文武兼修，乃一代有为明君。

代的皇家御苑。是北京城内登高远眺，观览全城景致的最佳地点。

在600多年前的元代，这里还是个小山丘，名叫青山。明朝兴建紫禁城时，曾在此堆放煤炭，故有煤山俗称。

明朝永乐年间，将开挖护城河的泥土堆积于此，砌成一座高大的土山，叫"万岁山"，又称大内的镇山。景山一名是清初改称的。

山上的五座亭子，为乾隆年间兴建。当时山上丛林蔽日，生机盎然，山下遍植花草果木，有后果园之称。是一座优美的皇家花园。

香山又叫静宜园，位于北京西郊，距市区约25千米，最高峰海拔557米，是北京著名的森林公园。

1186年，金代皇帝在这里修建了大永安寺，又称

■景山公园亭榭

■潭柘寺的正门

甘露寺。寺旁建行宫，经历代扩建，到清1746年定名为静宜园。香山红叶最为著名。每年10月中旬到11月上旬是观赏红叶的最好季节，红叶延续时间通常为一个月左右。

　　古都北京不仅有丰富的民俗文化，而且还有浓厚的宗教文化。北京的宗教有佛教、道教、伊斯兰教、天主教和基督教。其中较为著名的有潭柘寺、礼拜寺、白云观、雍和宫等。

　　潭柘寺，位于北京西部门头沟区东南部的潭柘山麓。寺院坐北朝南，背依宝珠峰，是北京郊区最大一处寺庙古建筑群。

　　潭柘寺始建于307年的西晋，距今已有1700年多的历史，因此素有"先有潭柘寺，后有北京城"的民谚。寺院初名嘉福寺，清代康熙皇帝赐名为岫云寺，但因寺后有龙潭，山上有柘树，故民间一直称为潭柘

红叶　黄栌，是观赏树木，主要看叶，深受我国历代文人青睐，最早记载见于司马相如的《上林赋》。红叶在我国各地都有，尤其以千佛山的红叶最为著名。千佛山北澄芳园处，红叶星罗棋布，浓郁诱人，颇为艳丽。

千古都城

三大古都的千古传奇

■ 北京白云观内的
三清四御殿

清真寺 也称礼
拜寺。是穆斯林
举行礼拜、举行
宗教功课、举办
宗教教育和宣教
等活动的中心场
所。兴建清真寺
被视为穆斯林神
圣的宗教义务和
信仰虔诚的体
现，哪里有穆斯
林，那里就建有
清真寺。

寺。潭柘寺规模宏大，寺内占地2.5万平方米。

牛街礼拜寺建于1449年，是北京历史最为悠久，规模最为宏丽的清真古寺，也是世界上著名的清真寺之一。寺院始建于辽代，1475年奉敕赐名为礼拜寺。

牛街礼拜寺最初是由辽代入仕的阿拉伯学者纳苏鲁丁所创建，历经元、明、清各代的扩建与重修，使其整体布局更为集中、严谨和对称。

牛街礼拜寺占地面积6000多平方米，是我国古典宫殿和阿拉伯式清真寺两种建筑风格相结合的一组独具特色的中国式伊斯兰古建筑群。

寺内两座筛海坟，是元朝初年从阿拉伯国家前来讲学的伊斯兰长老之墓。

白云观位于北京西便门外，是道教内全真教三大祖庭之一，始建于唐代，最初称天长观。金世宗时，扩建后更名十方大天长观，是当时北方道教最大丛林。白云观于金代末年毁于火灾，后又重建为太极殿。

1227年5月，成吉思汗敕改太极宫为长春观。同年7月，邱处机仙逝于长春观。元代末年，连年争战，长春观原有殿宇日渐衰圮。明代初年，以处顺堂为中心重建宫观，并易名为白云观。清代初年，在王常月方丈主持下对白云观又进行了一次大规模的重修，基本奠定了今日白云观的规模。

雍和宫位于北京市区东北角，是我国规格最高的一座藏传佛教寺院。1694年，康熙帝在此建造府邸，赐予四子雍亲王，称雍亲王府。1725年，改王府为行宫，称雍和宫。

1735年，雍正驾崩，曾在这里停放灵柩，因此，雍和宫主要殿堂原绿色琉璃瓦改为黄色琉璃瓦。又因乾隆皇帝诞生于此，雍和宫出了两位皇帝，成了"龙

道教 我国固有的一种宗教，创立于东汉时期，距今已有1800多年的历史。道教主要分为全真派和正一派两大教派。道教奉老子为祖师，尊为太上老君，以《老子》五千文为主要经典。

■ 雍和宫的正殿

■ 雍和宫施粥用的铜锅

潜福地"，所以殿宇为黄瓦红墙，与紫禁城皇宫一样规格。

雍和宫的整个建筑具有汉、满、蒙、藏这4个民族的特色。

雍和宫南院伫立着3座高大碑楼、一座巨大影壁和一对石狮。过牌楼，有辇道。往北便是雍和宫大门昭泰门，内两侧便是钟鼓楼。

鼓楼旁有一口重达8000千克的昔日熬腊八粥的大铜锅。往北的八角碑亭内有乾隆御制碑文，陈述雍和宫宫改庙的历史渊源。

作为昔日的古都，北京为世人留下了丰富的文化遗产和历史遗迹。这些宗教名胜古迹，无疑是古都北京宗教文化兼收并蓄、海纳百川以及民族大融合的见证。

阅读链接

关于什刹海的来历还有一个关于沈万三的传说。据说，谁想跟沈万三要金银，就得狠狠打他。打得越厉害，要出的金银就越多。因为他富有，所以人们都叫他"活财神"。

这年，皇上要修北京城需要银两，就命人把沈万三抓来。武士们按照他指的地方，挖出了10窖银子。据说，一窖48万两，共计480万两。银子挖出后，放银子的地方就成了大坑，后来大坑里有了水，人们就叫它"十窖海"。

什刹海的"刹"字，北京人讲话快的时候，发音和"窖"字差不多，以后慢慢叫成"什刹海"了。

古都南京

南京，别称金陵，简称宁，有六朝古都之称，先后有东吴、东晋和南北朝的宋、齐、梁、陈6个政权在这里建都。南京历史悠久，有着超过2500余年的建城史和近500年的建都史，是我国四大古都之一，有"六朝古都""十朝都会"之称。

南京位于长江下游，千百年来，奔腾不息的长江孕育了古都南京这座江南城市。南京襟江带河，山川秀美，古迹众多，是著名的旅游观光城市。南京是我国承东启西的枢纽城市、华东地区中心城市、重要产业城市、长江航运物流中心和滨江生态宜居之城，是联合国人居署特别荣誉奖获的城市。

荟萃山水人文的江南古都

历史上南京既受益又罹祸于其得天独厚的地理位置，过去曾多次遭受兵燹之灾，但也屡屡从瓦砾荒烟中重整繁华。

吴、东晋、宋、齐、梁、陈合称六朝，因此南京被称为六朝古

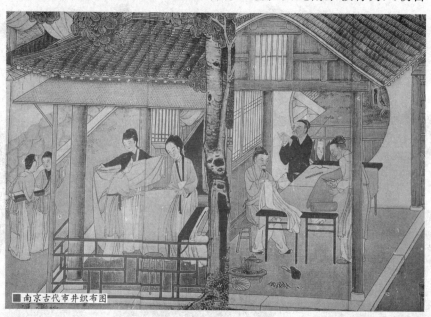

■南京古代市井织布图

都。六朝的建康城是当时世界上最大的城市，人口上百万。经济发达，文化繁盛，在江南地区荟萃华夏文化之大乘。

■ 南京市的市标南朝石刻

南京位于江苏省的西南部，地处长江下游的宁镇丘陵山区，是我国江苏省的省会。南京与我国的郑州、开封、西安、洛阳、北京、杭州、安阳等并称八大古都，在国内外享有盛名。

南京东邻江苏省镇江市，地跨长江两岸。南京城区起伏不平，群山起伏，有栖霞山、云台山、九华山等众多名山分布，形成了山多、水多、丘陵多的地貌特征。南京城内主要河流有长江和秦淮河。

南京属亚热带季风气候，雨量充沛，四季分明。古都南京的著名景观，不仅有莫愁烟雨、祈泽池深、天界招提等传统金陵四十八景，也有栖霞山景区、雨花台景区、秦淮风光带等新辟的自然人文景观。

秦淮河 南京古老文明的摇篮，素有"六朝烟月之区，金粉荟萃之所"，更兼十代繁华之地，被称为"中国第一历史文化名河"。秦淮河长约110千米，远在石器时代，流域内就有人类活动。六朝以后，成为名门望族聚居之地，宋代开始成为江南文化的中心。

■ 云锦 南京云锦是我国优秀传统文化的杰出代表，因其绚丽多姿，美如天上云霞而得名，约有1600年的历史。在古代丝织物中"锦"是代表最高技术水平的织物。而南京云锦则集历代织锦工艺艺术之大成，公认为"东方瑰宝""中华一绝"。云锦是中华民族和全世界最珍贵的历史文化遗产之一。

千古都城

三大古都的千古传奇

五胡乱华 我国东晋时期，塞北多个胡人的游牧部落联盟趁中原的西晋王朝衰弱空虚之际，大规模南下，建立胡人国家而造成与中华正统政权对峙的时期。"五胡"指匈奴、鲜卑、羯、羌、氐五个少数民族的游牧部落联盟。百余年间，北方各族及汉人在华北地区建立数十个国家，开启了五胡十六国时期。

　　传统八景大多是南京文化的历史遗存，是南京历史人文的象征，而新辟的景观大多是南京周边奇异的自然风貌。总之，有山水有人文，是古都留给人的总体印象。南京大部分地区通行的南京话，属于江淮官话淮西片。据考证，南京官话曾经长期是我国的官方语言。

　　自从西晋末年，五胡乱华，晋室南渡以后，中原雅音南移，作为我国官方语言的官话逐渐分为南北两支。明朝推翻元朝以后，定都南京，规定以南京音为基础音系，南京官话成为国家标准语音。由于江南较少受少数民族迁入的影响，加之六朝以来南方文化上的优越意识，明代以及清代中叶之前，我国的官方标准语以南京官话为主流。周边地区所传授、使用的语言也是如此。

南京地区共有50多个民族，其中汉族占总人口的80%以上。少数民族以白下区的止马营、朝天宫两街道的回族为最多。

自古"天下财富出于东南，而金陵为其最"。人物繁阜，造就了南京深厚的文化底蕴，而丰富的民俗文化就是其中的表现之一。

南京民俗文化代表有春节年俗、元宵灯会习俗、清明踏青习俗、端午游秦淮习俗、中秋月摸秋习俗、重阳登高会习俗、腊八节品粥习俗等。这些习俗既有南京古来的文化的印记，又有现代生活的演绎。古今交汇，构成了南京民俗文化的特征。

南京艺术三宝是指南京云锦、南京剪纸和南京白局。南京云锦是我国汉族优秀传统文化的杰出代表，

剪纸 又叫刻纸，是我国汉民族最古老的民间艺术之一，它的历史可追溯到6世纪。窗花和剪画的区别在于创作时，有的用剪子，有的用刻刀，虽然工具有别，但创作出来的艺术作品统称为剪纸。剪纸是一种镂空艺术，其载体可以是纸张、金银箔、树皮、树叶、布、皮、革等片状材料。

■ 南京三宝之一南京云锦

■ 南京的夫子庙

白局 是南京地区民间的方言说唱，南京唯一的古老曲种，至今已有600多年的历史。白局形同相声，表演一般一至二人，多至三五人，说的全是南京方言，唱的是俚曲，通俗易懂，韵味淳朴，生动诙谐，是一种极具浓郁地方特色的说唱艺术。

因绚丽多姿，美如天上云霞而得名，至今有1580年历史。南京云锦与成都的蜀锦、苏州的宋锦、广西的壮锦并称我国四大名锦。

南京云锦集历代织绵工艺艺术之大成，位于我国古代三大名锦之首，元、明、清三朝均为皇家御用品贡品，因其丰富的文化和科技内涵，被专家称作是中国古代织锦工艺史上最后一座里程碑，公认为"东方瑰宝""中华一绝"。亦是汉民族和全世界最珍贵的历史文化遗产之一。

南京剪纸为"花中有花、题中有题、粗中有细、拙中见灵"，如喜花之类，大都在特定的花纹外廓内，围绕主题，根据内容需要，填满散花散叶，和谐地构成完整的图案，显得美满充实，喜气洋洋，含意丰富。据史书可考，明代已流传民间。旧时南京人婚嫁喜庆，多聘请艺人来家用大红纸剪各式喜花，缀于箱、柜、被、枕等嫁妆之上，其它如斗香花、鞋花、门笺等品种，都具有鲜明的地方特色。

南京白局是南京地区民间的方言说唱，是南京唯一的古老曲种。这些艺术品种，扎根在南京的人文泥土中，无疑是古都南京的文化气息象征。

南京作为六朝的古都，曾一度是全国的政治、文化中心。唯其如此，许多的历史名人与它结下了不解之缘。

享誉全国的南京菜称为京苏大菜，厨师则自称京苏帮。南京的饮食以京苏菜和清真菜著名。

南京小吃的品种也比较丰富，主要集中在夫子庙、湖南路狮子桥、甘家大院等。其中，夫子庙地区的奇芳阁、魁光阁、蒋有记、永和园、六凤居都是南京小吃的传统名店，制作的特色小吃称为秦淮八绝。

清真菜 既有伊斯兰教习俗，又兼具我国饮食风格的菜肴，又称为回族菜。在我国，回族、维吾尔族、哈萨克族、乌孜别克族等民族有着共同的饮食习俗和饮食方面的禁忌，但在风味上则存在一定差别，因而人们又把居住在新疆的几个少数民族的风味菜肴称为新疆菜，而特指回族菜肴为清真菜。

阅读链接

如意回卤干是南京的著名小吃，关于小吃的由来还有一个故事呢。

传说朱元璋在金陵登基后，一天微服出宫，看到一家小吃店正在炸油豆腐果，香味四溢，便取出一锭银子让店主加工一碗豆腐果。

店主见他如此大方，立刻将豆腐果放入鸡汤汤锅，配以少量黄豆芽与调料同煮，煮至豆腐果软绵入味送上，朱元璋吃后连连称赞。

从此以后，油豆腐风靡一时，流传至今。因南京人在烧制中时常加入豆芽，而豆芽的形状很像古代玉器中的玉如意，因此被称为如意回卤干。

春秋到两晋时期繁荣发展

　　古都南京悠久的历史也造就了独特的人文、风俗、宗教和文化。在汤山出土的南京猿人头骨表明，早在30万年前这里就是人类的栖息地。6000多年前，南京就出现了原始村落，在南京大学附近的北阴阳营遗址就是城区最早居民遗址。

■南京朝天宫正门

■ 南京旧城墙

　　春秋战国时期，南京地处吴头楚尾，是吴国冶城的所在地。公元前472年，越王勾践打败吴国后，命令大臣范蠡在秦淮河畔修筑越城，这就是南京最早的古城。

　　在修筑越城前后，冶山上建筑了南京早期的城邑冶城。此后，历朝历代都在这里建有名楼，被称为朝天宫遗迹。朝天宫遗迹是江南地区规模最大、保存最为完好的一组古建筑，占地面积3万多平方米，依山而建。

　　公元前306年，楚威王灭掉越国，占领吴国全境，在石头山筑城，设置金陵邑，古城遗址就是南京城西草场门至清凉门一带。

　　公元前223年，秦国灭了楚国。公元前210年，秦始皇东巡，他到了金陵后，认为这里有天子之气，于是将金陵改为秣陵，用以贬斥它。

冶山 位于福州市屏山东麓，公元前202年，无诸在此筑城建都，成为福建省历史上第一个城郭。新中国成立后，考古工作人员对冶山历史文化保护区进行地下考古发掘，发现汉代原生堆积的较大规模的文化层，出土大量有关汉代的遗物遗迹。

汉朝初年，秣陵相继成为楚王韩信、吴王刘濞的封地。公元前128年，汉武帝封他的儿子刘敢为丹阳侯，刘胥行为胡孰侯，刘缠为秣陵侯。

东汉末年，吴郡的孙策渡江占据丹阳、江乘、胡孰、秣陵等县。到了三国鼎立时期，蜀国军师诸葛亮出使江东，他观察南京山川地形后，说秣陵有"钟阜龙蟠，石头虎踞"的气象。

孙权是三国吴国的创建者，是三国时期重要的人物。208年，孙权联合刘备，在赤壁大败曹操军队，奠定了东吴的立国基础。

211年，吴郡的国主孙权听从谋士张纮的建议，将都城从京口，就是现在江苏镇江迁到秣陵，改名建业。229年，孙权称帝，国号吴。这就是南京作为国都的开始。孙权在

千古都城

三大古都的千古传奇

建业改建太初宫，并将建业城修建成一座真正的古代城市。

第二年在楚国金陵邑故址石头山，修筑石头城。城内设石头仓库，以储藏军械、粮食等物资。在石头城南置烽火台，作为军事重镇。

此后，孙权在江乘、溧水、湖熟等县设典农都尉管理农业。派屯兵3万，在句容至云阳开凿一条运河，沟通了秦淮河与太湖流域的往来。在建业城西南开运渎，又凿东渠，开潮沟，并使秦淮河两岸成为商业繁荣地区。

孙权还兴建了江南第一座佛寺建初寺。252年，孙权病逝，葬于南京钟山南麓，后来，这里就改称吴大帝陵、孙陵冈、吴王坟。

280年，西晋灭掉吴国，改建业为建邺。后因避晋愍帝司马邺的名讳，改名建康。西晋末年，琅邪王司马睿南渡，以建康为根基。317年，司马睿即位，定都建康，史称东晋。

两晋时期，道教在我国产生。随之而来的是兴建道教寺院。著名的寺院是鸡鸣寺和同泰寺。

鸡鸣寺处于三国时属吴国的后苑之地。300年，西晋就在这里依山造室，始创道场。东

■ 鸡鸣寺佛塔

司马睿（276—323年），字景文，晋元帝，东晋的开国皇帝。他是琅邪武王司马伷的孙子，琅邪恭王司马觐的儿子。317年，当时正是西晋丞相的司马睿在建康称王，改元建武。次年司马睿称帝，成为东晋的开国皇帝。

晋以后，这里被辟为廷尉署。527年，梁武帝在鸡鸣埭兴建同泰寺，才使这里从此真正成为佛教圣地。

同泰寺与台城即宫城隔路相对，整个寺院依皇家规制而建，规模宏大，有"南朝四百八十寺首刹"的美誉。由于皇帝的尊崇，同泰寺俨然如当时南方的佛教中心。梁武帝经常到寺里讲经说法，曾经先后四次到同泰寺舍身为僧，在寺中过起僧人生活，人称皇帝菩萨。

537年，同泰寺浮屠因雷击起火，酿成寺内大火，这座庞大的寺院只有瑞仪和柏堂两个大殿幸存，其余皆化为灰烬。

东晋侯景之乱后，同泰寺荒芜多年。直到后梁时期，先人又在同泰寺故址建台城千佛院。南唐时期，千佛院改称净居寺，建有涵虚阁，后又改称圆寂寺。

到了宋代又把圆寂寺的空地划分一半，建立法宝

■ 千佛寺的佛像

■ 王羲之 字逸少，号澹斋，东晋书法家，有书圣之称。曾写下《兰亭集序》，晚年隐居会稽下辖剡县金庭，历任秘书郎、宁远将军、江州刺史。其子王献之书法也很有名气，世人合称为"二王"。

寺。随着时间的流逝和种种破坏，这里只有一座普济禅师庙了。

东晋时期南京出现过的几位重要人物，他们分别是东晋名臣王导和谢安、书圣王羲之以及画圣顾恺之。

王导是东晋的政治家，曾与琅邪王司马睿交往密切。后来，西晋政权日益衰微，王导协助司马睿建立了偏安江左的政权，史称东晋。

东晋立国以后，王导和他的从兄王敦拜为大将军，掌管兵权，统辖六州，因此，当时的人有"王与马，共天下"的说法。王导历经东晋元帝、明帝和成帝三朝，一直担任宰辅，保持了东晋的安定局面。王导去世后，葬在南京幕府山以西。

东晋的另一位名臣是谢安。他是东晋丞相、政治家，年轻时曾隐居在浙江，毫无做官意愿。但是他胸怀韬略，留心时政，了解他的人将他比作诸葛孔明。大家都希望他出来主持政局。

谢安 字安石，东晋宰相。少以清谈知名，初次做官仅月余便辞职，之后隐居在会稽东山的别墅里。40岁以后东山再起，官至宰相，成功挫败桓温篡位，作为东晋一方的总指挥致使前秦一蹶不振。战后因功名太盛被皇帝猜忌，因此低调避祸，后来病逝。

■ 王导谢安纪念馆

简文帝时，国运每况愈下，已过不惑之年的谢安接任丞相。他性格沉静，临危不乱，温雅有儒将风度，常与大书法家王羲之登冶城游玩。谢安在建康20多年的为官生涯中，辅佐简文帝奠定了南朝300多年安定局面的基础。

在谢安执政期间，曾经对建康宫城作过大规模整修，以原成贤街四牌楼为中心，建成了有大小殿堂3500多间的建康宫，成为1600多年前金陵地区最大的建筑群。谢安在建康南郊东山建有豪华别墅东山秋月，在清代成为金陵的四十八景之一。

阅读链接

王羲之的书法可谓入木三分，作为一个书法家，他不仅自己锻炼腕力，增强书写的笔力，也严格要求后人加强练习。他的儿子王献之，从小就在父亲的指导下学习书法。

有一次为了检查献之的笔力，王羲之趁献之集中精力写字时，猛地用手指夹住儿子手中的毛笔往上拉，谁知献之握笔很紧，毛笔没有被夺下来。

王羲之见此情形，非常满意，高兴地说："这孩子将来能成为书法家。"

他当场写了一幅字赠给献之。这件事说明，书法家的笔力是下苦功夫练出来的。

南朝时期古都的杰出人物

与东晋并立的南朝四国分别为宋、齐、梁、陈。吴、东晋、宋、齐、梁、陈合称六朝，因此，南京被称为六朝古都。

六朝都城建康在当时是世界上最大的城市，经济发达，文化繁盛。涌现出一大批有杰出贡献的人物，其中有数学家祖冲之，无神论学者范缜，以及医药学家陶弘景。

祖冲之，生于429年，卒于500年，字文远，南朝科学家。他的先祖及他的父亲先后在朝廷做官。在宋朝和齐朝，祖冲之曾任地方小吏。

祖冲之在前人的基础上，

■ 祖冲之铜塑像

■ 指南车 又叫司南车，是我国古代用来指示方向的一种机械装置。它是利用齿轮传动系统，根据车轮的转动，由车上木人指示方向。不论车子转向何方，木人的手始终指向南方。

运用开密法，推算出了圆周率数值在3.1415926和3.1415927之间。这是当时世界上最精确的数值。直到1427年，祖冲之推算的圆周率数值才被中亚数学家阿尔·卡西更精确的推算所替代。

宋孝武帝大明年间，祖冲之完成了大明历。大明历中首次运用岁差测定每一回归年的天数，其精确程度和现代科学测定的只相差50秒。祖冲之还有许多发明创造，如488年在覆舟山下的乐游苑中装置的水碓磨，用机械开动的千里船，改造的古代指南车等。

范缜，是南朝齐代和梁代著名的哲学家和无神论者。范缜先后出仕齐朝和梁朝任职，长期居于建康。他坚持无神论，同盛行的佛教进行了尖锐的斗争。

489年，范缜在鸡笼山旁竟陵王萧子良的西邸，与萧子良、萧衍及僧侣们进行大辩论，而后，他发表

了著名的《神灭论》。

507年，梁武帝萧衍为了消除《神灭论》的影响，指派62名大臣和僧侣，写了75篇文章反驳范缜。范缜却不为所屈，写了《答曹舍人》等论文反驳他们。范缜的著作大多散佚，现存的《神灭论》和《答曹舍人》，保存在《弘明集》中。

范缜出生两年后，一代医药大师陶弘景诞生了。陶弘景是南朝齐、梁时期道教思想家、医药学家。

齐高帝时，陶弘景担任几个王子的侍读，拜左卫殿中将军。492年，他辞职隐居句曲山，今江苏句容茅山。后来，梁武帝礼聘他，他也不出山，但朝廷每有征讨大事，总是向他咨询，因此，他有"山中宰相"之称。

陶弘景是上清经道派主要代表，茅山宗的创立者。其思想源于老庄，并杂有儒家观念，主张佛道儒三教合流。他佛道双修，在茅山道观中设佛道两堂，隔日朝礼。陶弘景所编的《古今刀剑录》是记载当时金属冶炼成就的重要文献。

在医学上，陶弘景增补东晋葛洪的《肘后卒救方》，编撰成《肘后百一方》。他编著的《本草经集注》七卷，记录药物730多种，首创按药物自然属性

■ 陶弘景雕塑

茅山宗 以茅山为祖庭而形成的道教派别。实际开创者是陶弘景。492年，陶弘景归隐茅山，悉心编纂了《真诰》及《登真隐诀》《真灵位业图》等200余卷道经，弘扬上清经法。后来上清派被称为"茅山宗"。

和治疗属性分类的方法，沿用1000多年。

南朝梁的建立者萧衍，出生于南京。他自幼勤奋，才华横溢。年轻时，常与社会贤达人士交往，与文坛新秀沈约等七人共游，号称竟陵八友。他曾任雍州刺史，举兵攻克建康，平定齐内乱，被封为梁王。

502年萧衍即位，改国号为梁，成为梁武帝。萧衍在位48年，国家在政治、经济、军事、文化各方面都有发展，百姓安居乐业，都城建康发展成为人口超过百万的大城市，并涌现了一批卓越的科学家、文学家、艺术家，出现一个花团锦簇的文化盛世。

萧衍提倡尊儒崇佛，于505年建国学，开五经馆，培养大批士族子弟和一些来自寒门的子弟。他又制定礼乐，在宫城之西设士林馆招收学者，并立佛教为国教，大建寺庙。

千古都城

三大古都的千古传奇

■ 南唐李煜画像

萧衍注重兴修水利，奖励农耕。他颁布法令，禁止献礼行贿，倡导纳谏。曾在皇宫门前立谤木肺石，旁置一箱，让百姓投放书写官吏善恶是非的材料，对官吏进行监督。

萧衍的晚年，政治渐趋腐朽。后来，因侯景之乱，宫城被困，饿死于台城。他的著作大多散佚，有后人所辑的《梁武帝御

制集》传世。

　　南朝后期，一面是人文齐萃，繁荣发展，另一面又却危机四伏，不时遭到隋朝的讨伐。这一时期，南京地区最大的佛寺栖霞寺建立。栖霞寺位于南京城东北的栖霞山上。

　　栖霞寺坐落在栖霞山中峰西麓。483年，隐士明僧绍舍宅为寺，称栖霞精舍，后来成为江南佛教三论宗的发祥地。栖霞山驰名江南，不仅因为有一座栖霞寺，有南朝石刻千佛岩，还因为它山深林茂，泉清石峻，景色令人陶醉，被誉为"金陵第一明秀山"。

　　南京作为千年古都，不仅山川秀美，更是人杰地灵。这一时期，南京涌现出许多杰出人物，如词曲皇帝李煜、南唐画家徐熙等。

　　李煜，是南唐的国主，文学家，世称李后主。李煜在位时，怠于朝政，纵情声色，填词作文，高谈佛理。在清凉寺内建德庆堂作为自己的避暑行宫。

　　975年，宋兵攻破金陵后，李煜被俘，被封违命侯。3年后被宋太宗赵光义毒死。他擅长诗文、音乐、书画，尤其精通填词。李煜的词早期作品大多反

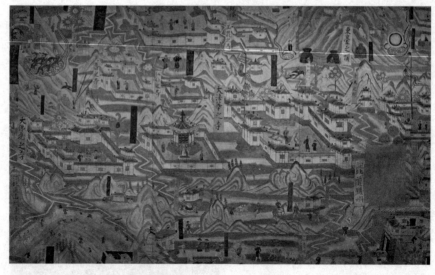

■莫高窟五代壁画

映宫中奢华的生活，风格绮靡，后期作品多亡国之君的哀痛和对昔日生活的怀念。

李煜留下的诗词虽然只有50多首，但多为名篇，被人广为传诵。后人把他及他父亲李璟的作品，合刊成《南唐二主词》。《虞美人》词是李煜的最后一篇作品，据说这首词是促使宋太宗下令毒死李煜的原因之一。因此，这首词也成了一代才子皇帝的绝笔了。

词 一种诗的别体，是唐代兴起的一种文学样式。到了宋代，经过长期不断的发展，进入到词的全盛时期。词又称曲子词、长短句、诗余，是配合宴乐乐曲而填写的歌词。

春花秋月何时了，

往事知多少。

小楼昨夜又东风，

故国不堪回首月明中。

雕阑玉砌应犹在，

只是朱颜改。

问君能有几多愁，

恰似一江春水向东流。

李煜在这首词中，流露出不加掩饰的故国情思。而其中"春花秋月何时了，往事知多少"更是成为千古流传的佳句。李煜的词对后世我国文学的发展，产生了极为深远的影响。

除了李煜，另一位画家也很著名，他就是南唐画家徐熙。徐熙世代为官。擅长花木水鸟、虫鱼蔬果，所画禽鸟，形骨清秀脱俗，花木枝繁叶茂，浓墨粗笔，稍施杂彩，一气呵成，人称为落墨花。

这种重墨轻彩的画法与当时极负盛名的黄荃"勾勒填彩，旨趣浓艳"的画风恰好相反，所画又多为汀花野竹、水鸟渊鱼，与黄荃多画珍禽瑞鸟、奇花怪石也是不同。两人风格成为五代花鸟画两大流派，时人评述说"黄家富贵，徐熙野逸"。

徐熙曾担任宫廷画师。他画的铺殿花、装堂花，深为南唐后主重爱。宋太祖见其作品认为花果最精妙，说"吾独知熙，其余皆不观"。

黄荃 字要叔，成都人，五代十国时期西蜀画家。他擅长画花、竹、翎毛、佛道、人物和山水，是一位技艺全面的画家。黄荃17岁时就因善画供奉前蜀后主王衍。后蜀先主孟知祥即位后，授他为翰林待诏，主管翰林图画院事。后又加官为如京副使，供职西蜀画院达40年之久。

阅读链接

李煜是个才华横溢的皇帝，他工书善画，能诗擅词，通音晓律，是被后人千古传诵的一代词人。

他本无心争权夺利，一心向往归隐生活，登上王位完全是个意外。他痛恨自己生在帝王家。他嗣位之时，南唐已经多次入宋朝进贡，苟安于江南一隅。

974年，宋太祖屡次遣人诏李煜北上，李煜都推辞不去。同年十月，宋兵南下攻金陵，后主李煜被俘到汴京，封违命侯。

978年七夕那天正是李煜42岁的生日，被宋太宗赐牵机药毒死。死后追封为吴王，葬在洛阳邙山。

隋朝至宋朝时历经沧桑

　　隋朝是经历了南北朝200多年分裂之后的大一统王朝，是上承南北朝、下启唐朝的一个重要的朝代，史学家常把它和唐朝合称隋唐。

　　隋朝末年，农民起义首领杜伏威、辅公祏率军占据丹阳郡，不久便归顺了唐朝。丹阳也奉命化为归化。后来，杜伏威入朝后被扣，辅公祏就起兵反抗，并在丹阳建立了宋政权。后来，唐朝扫平江南，在

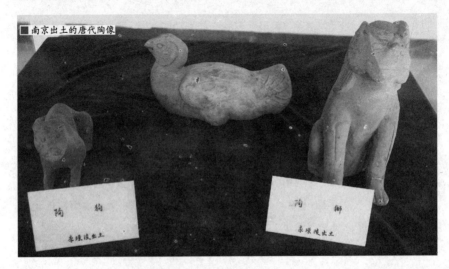

■ 南京出土的唐代陶像

丹阳郡置升州。

758年，著名书法家颜真卿为升州刺史，次年书写《乌龙潭放生池》碑刻一通。李白晚年曾经在升州居住。

唐朝末年，因为北方藩镇叛乱，唐德宗有意迁都到南京，他命镇海军节度使韩滉整修金陵，但是没有成功。

■明故宫遗址内的古桥

五代时期，吴王杨行密建立吴国，他命人修缮金陵，作为西都。937年，升州刺史徐知诰取代吴国，建立南唐，定都金陵，改金陵府为江宁府。

975年，北宋灭掉南唐，设江宁府为升州。1018年，宋真宗任命赵祯做升王，不久立为皇太子，改升州为江宁府。

赵祯即位后，称为宋仁宗。他认为江宁是他的"龙兴之地"，于是，他一直让亲信大臣，如包拯等人任江宁府尹。宋神宗时期，王安石两度以江宁府尹的身份出任宰相。

王安石是北宋时期的改革名臣，祖籍江西临川，他在南京度过青年时代。他曾在南京三次任知府、两度守孝、两度辞相后居住，在南京先后生活了近20个年头，逝世后又葬在南京钟山脚下，他的父母兄弟死后也葬在南京。

王安石17岁那年，因父亲王益任江宁通判而随

颜真卿 字清臣，我国唐代中期杰出书法家。他创立的"颜体"楷书与赵孟頫、柳公权、欧阳询并称"楷书四大家"。颜真卿和柳公权并称"颜筋柳骨"。

唐德宗（742—805年），李适，是肃宗的长孙、代宗的长子。唐朝第九位皇帝，在位26年。谥号为神武孝文皇帝。在位前期，颇有一番中兴的气象，但是执政后期，民怨日深。

■ 王安石的塑像

迁来南京居住。两年后，即
1039年，他的父亲因病逝世，
葬于南京中华门外的牛首山。
于是，王安石就在南京钟山守
孝，锐志读书。

1042年，22岁的王安石一
举考中进士，从此踏上仕途。
1067年，宋神宗即位后，就任
命王安石任江宁知府。不久，
宋神宗又命王安石到开封当翰
林学士兼侍讲。

1070年，王安石开始主持
变法，他推行了均税法、农田
水利法、青苗法、免役法等新法。这就是我国历史上
著名的"王安石变法"。

后因变法受阻。王安石被迫要求辞去宰相等职
务，回到江宁府再次担任府尹。在南京，王安石看到
贫富悬殊，而玄武湖旁有不少土地空着可以耕种，就
于1075年向宋神宗奏请将玄武湖泄水改田。宋神宗很
快批准了他的请求。

1075年2月，王安石再次离开江宁府到开封去任
职，准备继续变法。但是，变法已经到了穷途末路，
最终失败，于是，宋神宗又让他回到江宁府来了。

1084年春，王安石把半山园改作僧寺。他把半山
园及附近的几百亩田一律割给寺庙所有，自己另在秦
淮河畔租了一个小小的独院居住。1086年王安石与世

长辞。

北宋末年，浙江的方腊起兵反宋，一度准备占领南京，但是没有实现。不久金兵入侵，宋高宗即位，接受主战派人士李纲的建议，改江宁府为建康府，作为东都。不久金兵南下，高宗南逃，在杭州临时驻扎。

1137年，在主战派岳飞等人的坚持下，宋高宗到建康理事。1138年，宋高宗以建都当"修德行而不在于择险要之地"为名，再次南逃到杭州，正式建都，改杭州为临安府，将建康府作为陪都。

1275年，元兵南下，南宋灭亡。1329年，元朝政府将建康改为集庆。古都南京历经兴衰再度繁荣起来。

元朝整体生产力虽然比宋朝低，元世祖即位后，实行了一些鼓励生产、安抚流亡的措施。由于经济作物棉花不断推广种植，棉纺织品在江南一带都比较兴盛。

元朝对我国传统文化的影响大过对社会经济的影响。例如，极力推崇藏传佛教，在艺术与文学方面则是发展以庶民为对象的戏剧与艺能，其中以元曲最为兴盛。

南宋时期，著名诗人陆游曾经登南京的雨花台游永宁寺。他见寺中有一泉，色味俱佳，倍加赞赏，品后称其为"二泉"。泉

■岳飞（1103—1142年），字鹏举。我国历史上著名的战略家、军事家、民族英雄、抗金名将。岳飞在军事方面的才能则被誉为宋、辽、金、西夏时期最杰出的军事统帅。

永宁寺大殿

水从数米高的假山石中汩汩流出，汇集成池，池中泉水清澈见底，甘冽可口。

后来，人们就把这一地区建成了雨花台景区，成为南京著名的旅游景区。江南第二泉在雨花台的东岗上，原来是在永宁寺内，因寺而取名永宁泉。

另一处甘露井与第二泉相对而望。据史料记载，甘露井是南京最古老的井之一，已有1700多年的历史，井水清冽，久旱不雨也不枯竭，其味甘醇。

阅读链接

元曲原本来自蕃曲和胡乐，首先在民间流传，被称为街市小令或村坊小调。元曲和唐诗宋词、明清小说，是我国文学史上重要的里程碑。

元朝是元曲的鼎盛时期。一般来说，元杂剧和散曲合称为元曲，两者都以北曲为演唱形式。散曲是元代文学主体，它的兴起对我国民族诗歌的发展、文化的繁荣有着深远的影响和贡献。它不仅是文人咏志抒怀的工具，也是反映元代社会生活的崭新的艺术形式。

朱元璋兴建世界第一城垣

1356年，朱元璋攻克集庆，改集庆路为应天府作为根据地，自称吴国公。1368年，朱元璋在应天称帝，国号明，即明太祖。明朝把应天府作为首都。

■坚固的明代城垣

1378年，朱元璋改南京为京师，开始大规模地营建南京。1386年，京师城垣工程完工。

明朝的南京是在元朝集庆路旧城的基础上扩建而成的。城市由三大部分组成，分别为旧城区、皇宫区和驻军区。后两者分别是明初的扩展。

明朝环绕这三区修筑了长约34千米的砖石城墙，这就是世界第一大城垣，后来的南京明城墙。明代南京城墙沿线共辟13座城门，门上建有城楼。

南京城墙墙基用条石铺砌，中间用土夯实。所用的城砖，由沿长江各州府的125个县烧制后运抵南京使用，每块砖上都印有监制官员、窑匠和夫役的姓名，其质量责任制之严格可想而知。

1403年，明成祖升北平为北京，作为留都。1420年底，明成祖迁都北京，把南京作为留都。对南京城发展具有杰出贡献的人物就是明朝开国皇帝朱元璋。

元朝末年，朱元璋参加郭子兴领导的农民起义军。1356年，朱元璋攻取南京，把南京改为应天府，为了平定天下，他注意选用才将，搜罗谋士，秦从龙、刘基、朱升、宋濂、章溢、叶琛等儒士和学者尽入他的帐下。

朱元璋接受朱升"高筑墙，广积粮，缓称王"的建议，以南京为根据地，为统一全国积蓄力量。

1367年，朱元璋派徐达、常遇春率兵北伐，攻克元大都，即北京。第二年，朱元璋在应天府称帝，国

■ 明成祖（1360—1424年），朱棣，明朝第三位皇帝。1402年夺位登基，改元永乐。他五次亲征蒙古，多次派郑和下西洋，编修《永乐大典》，疏浚大运河等一系列新政。1421年迁都北京。在位期间经济繁荣、国力强盛，史称"永乐盛世"。

郭子兴 元末江淮地区的红巾军领袖。元代末年加入白莲教，散家财结豪杰，响应刘福通起事，攻据濠州，自称元帅。后将朱元璋收为部下成为九夫长，并将义女马氏嫁给他。他为人骁勇善战，后因与某些将帅不和，终日愤恨，死于和州。

号明，建元洪武。1368年，朱元璋下诏设南北两京，以金陵为南京。

自1366年起，他下令建造皇宫和扩建应天府城作为都城，都城外又筑有外郭，长60千米。1386年，应天府完工，是当时世界的第一大城。

朱元璋重视兴修水利，开通胭脂河。为造就人才，1381年，在鸡笼山下建国子监。朱元璋又将元末建于鸡笼山上的观象台扩建成国家天文台钦天台。

1382年，明政府兴建了南京鼓楼。明朝钟楼在鼓楼西侧。后来，清朝康熙皇帝南巡时曾登临游玩。第二年，地方官在鼓楼的基座上竖碑建楼，并更名为碑楼，因此有"明鼓清碑"之称。

明代最著名的寺院就是鸡鸣寺，又称古鸡鸣寺，位于鸡笼山东麓山阜上。鸡鸣寺是南京最古老的梵刹之一。

1387年，明太祖朱元璋命崇山侯李新督工，在同泰寺故址重新兴建寺院，把故宇旧屋全部拆除，加以拓展扩建，题额为"鸡鸣寺"。

后来，鸡鸣寺经宣德、成化年间的扩建和弘治年间为时6年的大修，寺院规模扩大到占地6.6万多平方米。寺院依山而建，别具风格，共建有殿堂楼阁、亭台房宇达30多座。

鸡笼山 旧名亭山、历山。坐落在和县西北约20千米处。群山环拱，一峰独雄，形状很像一鸡笼，故名鸡笼山。道家《洞天福地记》称其为"第四十二福地"，素有"江北第一名山"之称。山中遍布参天古树，寺庙众多。后来历经兵乱，原有建筑多数被毁。

■南京皇宫遗址

蓝本 原是古籍版本的一种形式。明清时期，书籍在雕版初成以后，刊刻人一般先用红色或蓝色印刷若干部，以供校订改正之用，相当于"校样"，定稿本再用墨印。由于蓝印本是一部书雕版之后最早的印本，因此就有"初印蓝本"之称。后来的"蓝本"一词，就是从"初印蓝本"引申出来的。

古都南京在明代万历年间就有金陵四十八景的说法，据明代文人顾起元的《客座赘语》记载，先是榜眼余梦麟将所游览金陵名胜二十处，各作诗纪之，并约朱之蕃、顾起元同唱和，诗作汇在一起，称作《雅游篇》，刊行于世，风行一时。

而朱兰隅兴犹未尽，更"搜讨记载，共得四十景"，最后编成《金陵四十景图考诗咏》。这四十景也就成了后世作金陵景物图咏的蓝本。

但陆生骑毛驴乘小船躬历寻访所绘的图，现已不知下落。后人还能见到的年代最早的金陵八景图卷，也产生于明朝万历年间，是1600年江宁画家郭仁所绘，珍藏于南京博物院。

南京著名的皇帝陵寝是明孝陵。明孝陵是明朝开国皇帝朱元璋与马皇后的陵墓，坐落在紫金山南麓独

■ 南京鼓楼

■南京明孝陵石像

龙阜珠峰下。

明孝陵景区名胜众多，风光秀丽，位于其正南的赏梅胜地梅花山，东侧的紫霞湖、正气亭、定林山庄等美不胜收，令人流连忘返。

梅花山在明孝陵南，原来是东吴孙权墓地所在地，又称孙陵岗。梅花山是南京人踏青赏梅的胜地。山上有观梅轩、博爱阁等景点。

阅读链接

传说朱元璋登基后，在浙江微服察访。一天，他去多宝寺进香。多宝寺的名称引起他的兴味，不禁脱口吟道："寺名多宝，有许多多宝如来。"

这时，一个满身油污、衣着破旧的老秀才接着吟道："国号大明，更无大明皇帝！"

朱元璋逛罢多宝寺后，便路过一家小酒店，他觉得小酒店实在没有什么可吃的东西，不禁摇头吟道："小酒店三杯五盏没有东西。"

谁知老秀才随即吟出下联："大明君一统万方不分南北。"朱元璋彻底被老秀才的才思打动了，后来，老秀才当了太子的老师。

清朝时古都的杰出名人

　　清军入关后，明朝福王朱由崧在南京即位。1645年，清军又攻克南京，改南京直隶为江南省，应天府为江宁府。1649年，清政府在江宁设两江总督。古都南京再次经历了历史的洗礼。

■清代南京两江总督府

■ 藏于故宫博物院
的科举试卷

经过朝代的动荡和各代的重建、扩建，南京又一次焕发出古都的厚重气息。这一时期也涌现出许多历史名人，如隐居学者顾起元、晚清作家吴敬梓、晚清名臣邓廷桢等。

顾起元，原名张始。1592年与何栋如、俞彦等人在乡里共结文社。1597年，他高中举人，第二年，又在由礼部主持的三场全国会试中一路过关斩将，脱颖而出，高中第一名。

不久，在皇帝亲自策问的殿试中，顾起元中一甲第三名，进士及第，成为天子门生，时年34岁。

此后，顾起元授翰林院编修，历任左谕德、右庶子、任南京国子监司业、国子监祭酒、詹事府詹事，官至吏部左侍郎，兼翰林院侍读学士。精通金石之学，擅长书法。他曾经三次上疏辞官，获准后告老还乡，在朝为官仅有五年，大部时间是以隐居为生。

顾起元晚年就从牛市迁到了杏花村隐居，潜心著

书法 世界上少数几种文字所有的艺术形式，包括汉字书法、蒙古文书法、阿拉伯文书法等。其中"中国书法"，是我国汉字特有的一种传统艺术，被誉为：无言的诗，无行的舞，无图的画，无声的乐。我国浙江绍兴是书法圣地，兰亭奖为我国书法艺术最高奖。

■吴敬梓（1701—1754年），字敏轩，一字文木，汉族人。清代最伟大的小说家之一。因家有"文木山房"，所以晚年自称"文木老人"，又因自家乡安徽全椒移至江苏南京秦淮河畔，故又称"秦淮寓客"。

述，轻易不去公庭。在他解职归乡以后，当时的朝廷曾七次下诏书让他重新回京并命他为相，他都一一推拒了。

顾起元一生著述较多，但以散文见长。他的散文注意辞采，注意吸取骈体四六的创作经验。他的诗歌多能感叹时事，抒发感慨与情怀，有些富有现实内容，可以作批判时事之用。

顾起元主要著述有《中庸外传》《顾氏小史》《金陵古金石考说略》《蛰庵目录》《说略》《雪堂随笔》等30多种。

另一位晚清作家是吴敬梓，他出身名门贵族，父亲去世后家道衰落。晚年生活贫困，仅靠卖文和友人救济为生。

吴敬梓性情豪爽，能文善诗，尤其以小说著称。传世之作为长篇小说《儒林外史》。小说以揭露科举制度的腐朽黑暗为中心，展开社会批判，以讽刺的笔法刻画了上自进士、翰林，下至市井无赖的生动

■林则徐（1785—1850年），字元抚，又字少穆、石麟，福建侯官人。清朝后期政治家、思想家和诗人，是中华民族抵御外辱过程中伟大的民族英雄，主要功绩是虎门销烟。因其主张严禁鸦片、抵抗西方的侵略、坚持维护我国主权和民族利益深受全世界中国人的敬仰。

形象。鲁迅说它"虽云长篇，颇同短制"。后世称这部作品为我国古典讽刺小说奠基之作。吴敬梓诗文有《文木山房集》。

晚清名臣邓廷桢，是嘉庆进士，先后任延安知府、湖北按察使、江西布政使、安徽巡抚。邓廷桢在任官期间，颇有政名，尤其善于断冤狱，常为世人称道。1835年，他升任两广总督，主张严禁鸦片。

1839年春天，林则徐奉旨抵广州禁烟，他通力予以协作，取得虎门销烟的胜利。随后，他加紧海防，多次击退英军舰船挑衅。

1840年1月，邓廷桢调任闽浙总督，继续加强缉私与海防，同年10月，遭诬陷而与林则徐同被革职，充军伊犁。1843年释罪，旋即授甘肃布政使。

这期间，邓廷桢勘察荒地招民开垦，成效显著。1845年升任陕西巡抚，1846年卒于任上，归葬南京。诗文颇有成就，尤精音韵，著有《双砚斋诗抄》。

另一位著名的人物是高岑。高岑是一位著名画家，他根据南京胜景，绘成《金陵四十景图》，文学家周亮工为这部图册写了题跋。高岑这一组金陵景物图后来刊入康熙《江宁府志》。

在乾隆年间，金陵四十景发展成为洋洋大观的金陵四十八景。这时曾对南京古刹鸡鸣寺进行过两次大修，并改建了山门。康熙皇帝南巡时，登临寺院，并为这座古刹题书了"古鸡鸣寺"大字匾额。

1750年，地方官为了迎接皇帝和太后南巡，又重建了凭虚阁，作为驻跸行宫，乾隆也为这座古寺题写了匾额和楹联。

清咸丰年间，鸡鸣寺毁于兵火。同年开始重修，仅有房屋10多间，中间是小院，前面是正殿。

1867年，寺僧西池等募资修建了观音楼，楼内供着普度众生、大慈大悲的观音菩萨。

有趣的是，鸡鸣寺的观音与众不同，是一尊倒坐观音菩萨像，即面朝北而望像，佛龛上的楹联道明原因：

天王府的天王殿

■鸡鸣寺全景

问菩萨为何倒坐；

叹众生不肯回头。

鸡鸣寺从此又称为观音阁、观音楼。1894年，两江总督张之洞又将殿后经堂改建为豁蒙楼，并手书匾额。

清朝末年，太平天国起义军攻克江宁，改江宁为天京，作为都城。在南京总统府一带修太平天国天王府。1864年，清兵克天京，太平天国败亡，天王府因此被毁。

阅读链接

古都南京的美景不愧是洋洋大观。传说在嘉庆年间，有一个钱塘人叫陈文述。他对南京的美景流连忘返，在他居留南京短短的一个月里，竟作诗300多首，涉及金陵旧迹近300处。

1875年，诗人易顺鼎中举，北上应试途经南京。他冒雪骑驴于城中，遍访六朝及南明遗迹，一日之间竟写成《金陵杂感》七律20首。

《儒林外史》的作者吴敬梓，在1753年，也就是他去世前一年，曾写过23首《金陵景物图诗》，包括冶城、杏花村、燕子矶、谢公墩等。

古都著名寺庙的历史沿革

古都南京不仅有丰富的人文景观，还有深厚的宗教文化。在南北朝时期，南京佛教寺庙达500多所，僧尼达10多万人。

唐代诗人杜牧《江南春》中的"南朝四百八十寺，多少楼台烟雨中"的诗句，就是对当时建康佛寺盛况的真实写照。

南京众多的佛教寺庙大多毁于兵灾或战火，后来保存相对完好的只有极少数。除鸡鸣寺外，清凉寺、鹫峰禅寺、栖霞寺最为著名。

清凉寺位于南京城区西部的

■ 杜牧（803—约852年），字牧之，号樊川居士，号称杜紫薇，唐代诗人。著有《樊川文集》。杜牧与李白合称"李杜"，为了跟诗人李商隐与杜牧即"小李杜"区别开来，杜甫与李白又合称"大李杜"。

■南京清凉寺大殿

清凉山南麓，是南京最悠久的梵刹之一，素有六朝胜迹之称。清凉寺的前身是兴教寺，由五代十国时期的权臣徐温始建。

1400年，唐烈祖在这里避暑纳凉，改寺名为石头清凉大道场，石头山从此时起称为清凉山。此后，这里成为南唐宫廷的避暑之处。寺内避暑宫的匾额德庆堂是后主李煜所题。

清凉寺内原藏有中主李璟的八分书、画龙名家董羽的龙以及书法家李宵远的草书等3件艺术珍品，被称为寺中三绝。

清凉寺是南唐重要的宗教活动场所，著名僧人文益长期居住在寺内，被中主李璟封为法眼禅师。

他创建的佛教宗派，即为法眼宗，是禅宗南唐的五大支派之一。其禅学思想及理论在我国佛教史上具

清凉寺 位于南京西部的清凉谷，距台怀镇约15千米，寺内因有著名的文殊圣迹"清凉石"而得名。此寺建于北魏孝文帝时期。唐代时期是替国行道的镇国道场。766年，不空三藏密宗道场。清代乾隆年间，寺宇建筑整齐一新，规模宏大。

有崇高的地位和价值，历史意义十分深远。

980年，幕府山清凉广惠禅寺迁到清凉寺。1402年明成祖朱棣重建寺院，改额为清凉陟寺。当时清凉陟寺规模很大，占地约1.3万平方米。太平天国时期，清凉寺建筑多毁于战火，直到清朝末年才稍有恢复。

鹫峰禅寺坐落于南京白鹭洲公园东北角，建于1461年，是为纪念唐代名僧鹫峰而得名。

明清以来，鹫峰寺屡经兴衰。清朝嘉靖年间，性海禅师来此驻锡，律行精严，持银钱戒，寺内香火又趋鼎盛，常主《讲华严经》，后来他离寺云游。

道光年间，寺宇改为老民堂，当时正殿已年久失修行将毁坏。1835年，南京乡人于静斋、冯君耀率先捐资重建，并在殿前台基上围以石栏，极为坚固。工程竣工以后，太仆蔡友石撰记，学使祁春浦书碑，记载了鹫峰寺中兴的盛况。

■南京鹫峰禅寺

■栖霞寺

栖霞寺始建于489年，由居士明僧绍捐宅为寺，名栖霞精舍。唐代扩建，改名功德寺，增建大小殿宇49座，规模宏伟，与山东临清灵岩寺、湖北江陵玉泉寺、浙江天台国清寺并称为我国佛教四大丛林。

所存寺院建筑为1908年由寺僧宗仰重建。寺院依山势而缓上，背依千佛岩，雄奇肃穆，气象万千。

进山门拾级而上，最高处就是藏经楼。在藏经楼佛龛中供奉有一尊用整块汉白玉雕成的玉佛，据传来自缅甸，极为珍贵。藏经楼中今尚存72函匣，内藏《大藏经》。

栖霞寺舍利塔为南唐遗物，是长江以南最古石塔之一。石塔建于隋代，603年，隋文帝建仁寿舍利塔，栖霞寺石塔就是其中之一，是栖霞寺内最有价值的古建筑。石塔八角五级，高约15米。现仅残存一部分。塔身下须弥座各面浮雕释迦八相。

《大藏经》 佛教经典汇编全集，浩如烟海，囊括几千部经，包括经藏、律藏、论藏等三部分内容。经藏收录佛陀在世时所宣说的一切教法。律藏收录佛陀为信众制定的一系列日常行为准则。论藏则是佛弟子对经藏、律藏所进行的研究和解释。

第一层塔身特别高，正面及背面均雕刻版门，东北及西南为文殊及普贤像，其余四面为天王像。宝塔图像严谨自然，形象生动，构图颇富有中国画的风格，是我国五代时期佛教艺术杰作。

舍利塔东有大佛阁，又称三圣殿，供无量寿佛。佛像的衣褶风格，形似山西省大同云冈石佛。现在大佛阁前立的两尊石佛，是我国佛教艺术黄金时代的绝世珍品。

大佛阁后，是千佛岩。千佛岩南朝共造294座佛龛，515尊佛像。以后唐、宋、元、明各代都有开凿，共计700尊佛像。千佛岩位于南方，与云冈石窟南北遥遥相对，是我国古代雕刻艺术的杰作。

无量殿为千佛岩最早最大的佛龛。无量寿佛居中，两侧分侍观音菩萨和势至菩萨。开凿年代比云冈石窟早17年。其价值在于保存了南朝佛像的原韵。

栖霞寺不仅规模宏大，殿宇气派非凡，是南京风景最佳处，是中国佛教三论宗的祖庭之一。

南京作为昔日的六朝古都，为世人留下了丰富的文化遗产和历史遗迹。这些文化遗产和历史遗迹为研究历史、军事和建筑等提供了不可多得的实物资料。

阅读链接

在千佛岩有一尊佛像，除此之外，世上绝无仅有，这就是三圣殿左侧的石公佛。

相传，在石匠王寿雕琢最后一尊佛像时，十分困难。锤子抡轻了，石头纹丝不动。锤子抡重了，石块就立刻崩裂。而如果锤子抡得不轻不重，石头仅仅冒点火星，总是凿不成。

眼看期限已到，石匠为了避免众人杀身之祸，便纵身跳进龛内，成了一尊一手举锤、一手拿錾的石公佛。这个传说体现了后人对明代著名工匠王寿的尊敬和怀念之情。

古都西安

　　西安，古称长安、京兆，582年，隋文帝在此建都。西安是举世闻名的世界四大文明古都之一，居我国四大古都之首，是我国历史上建都朝代最多、影响力最大的都城。

　　西安是中华文明的发扬地、中华民族的摇篮、中华文化的杰出代表。是联合国教科文组织最早确定的"世界历史名城"和国务院最早公布的国家历史文化名城之一，世界著名旅游胜地。

中华民族的文化摇篮

　　西安，古称"长安"，是举世闻名的世界四大文明古都之一，居我国古都之首，是我国历史上建都时间最长、建都朝代最多、影响力最大的都城。

　　西安是中华民族的摇篮、中华文明的发祥地、中华文化的代表。

　　■兵马俑　我国古代墓葬雕塑的一个类别。古代实行人殉，奴隶是奴隶主生前的附属品，奴隶主死后奴隶要为奴隶主陪葬，是殉葬品。兵马俑就是制成战车、战马、士兵形状的殉葬品。秦始皇陵兵马俑坑是秦始陵的陪葬坑，位于陵园东侧1500米处。秦始皇兵马俑陪葬坑坐西向东，三坑呈"品"字形排列。秦始皇兵马俑陪葬坑，是世界最大的地下军事博物馆。

■西安古城主城门

西安文物甲天下，享有"天然历史博物馆"的美称。

秦始皇兵马俑坑被誉为"世界第八大奇迹"，秦始皇陵是最早列入世界遗产名录的中国遗迹，西安古城墙是至今世界上保存最完整、规模最宏大的古城墙遗址。

西安位于黄河流域中部的关中平原偏南地区，西安的北部为冲积平原，南部则为剥蚀山地。大体地势是东南高，西北与西南低，呈一个簸箕形状。秦岭山脉横亘于西安以南，是我国地理上北方与南方的重要分界。

西安属于暖温带半湿润的季风气候区，雨量适中，四季分明。西安东有潼关之固，西有大散关之险。古代长安交通便利，水陆并用，地势险要，易守难攻，历来是兵家必争之地。

在北方，秦代所修的秦直道，宽达百米、绵延上千千米，直通蒙古草原，是当年抗击匈奴、输送

匈奴 是个历史悠久，祖居在欧亚大陆的北方游牧民族。他们是古北亚人种和原始印欧人种的混合。古籍中讲述的匈奴是在汉朝时称雄中原以北的一个强大的游牧民族，公元前215年被逐出黄河河套地区，历经东汉时分裂，南匈奴进入中原内附，北匈奴从漠北西迁，中间经历了约300年。

■西安收藏的汉赋

司马相如 字长卿，西汉大辞赋家。是我国文化史文学史上杰出的代表，是西汉盛世汉武帝时期伟大的文学家、杰出的政治家。代表作品为《子虚赋》。

给养的主动脉。在南方，有子午道、谠骆道、褒斜道、陈仓道，可越过汉中而抵巴蜀；东南方向商洛山中的武关道，则是通往楚地的咽喉。

西安的自然景观峭拔险峻，独具特色，境内及附近有西岳华山、终南山、太白山、王顺山、骊山、楼观台、辋川溶洞风景名胜区等。

西汉文学家司马相如在著名的辞赋《上林赋》中写道，"荡荡乎八川分流，相背而异态"。描写了汉代上林苑的奢华之美，以后就有了"八水绕长安"的描述。

八水是指渭河、泾河、沣河、涝河、潏河、滈河、浐河、灞河八条河流，它们在西安城四周穿流，都属于黄河水系。

八水之中渭河汇入黄河，而其他七水原本各自直接汇入渭河。由于时代变迁，浐河成为了灞河的支流；滈河成为潏河的支流，潏河与沣河交汇。

西安作为十三朝古都，有着深厚的文化底蕴。西安的著名景观，不仅有传统关中八景，也有明代城墙、西安碑林、大雁塔、小雁塔等标志性人文遗迹。

还有秦皇陵兵马俑遗址、大明宫遗址等举世著名的历史遗迹。

著名的陵寝主要有华夏始祖的黄帝陵、汉武帝刘彻之墓汉茂陵、唐女皇武则天与唐高宗李治的合葬墓唐乾陵。

此外，关中秦腔、长安画风、西安景泰蓝、唐三彩、蓝田玉雕等都是西安传统文化的代表。

古都西安不仅有丰富的自然景观和历史遗迹，也有为数众多的宗教名胜。西安的宗教名胜包括佛教寺院、道院、伊斯兰斋堂。

西安著名的寺院有西安大慈恩寺、西安青龙寺、周至仙游寺、法门寺等。道院有西安八仙庵等，伊斯兰斋堂有西安清真大寺等。这些宗教名胜，无疑是古都西安兼收并蓄、海纳百川，以及民族大融合的见证。

秦腔是最能够代表古都西安气质的一种传统文化。这些传统文化中，既有关中古都火爆、豪放的一面，又有它朴素、柔和的一面。

古都西安历史悠久，人文荟萃，英才辈出，仅名列《二十五史》和其他史书中的人物，就有1000多人。他们或出生在西安，或者长期

■ 西安出土的唐三彩马

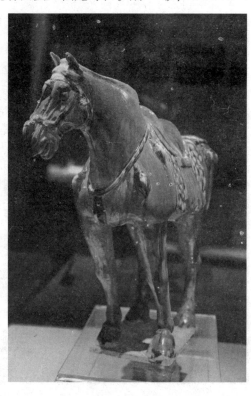

在西安生活、任职，为西安的政治、经济、文化，都作出了重要贡献。

西安的历史名人中，政治家有轩辕黄帝、神农炎帝、大禹、周文王、周武王、秦穆公、秦孝公、秦始皇、汉高祖、汉武帝、隋文帝、唐太宗、武则天、唐玄宗。

军事家有姜太公、王翦、白起、卫青、霍去病、李广、马援、李靖、郭子仪、韩世忠等。

思想家有周文王、周公、董仲舒、王徵、范仲淹、张载、李颙等。

外交家有张骞、苏武、班超、张仪等。文学家有李白、杜甫、白居易、王维、杜牧、王昌龄、柳宗

■ 演奏秦腔的陶俑

■ 仓颉　史皇氏，陕西省渭南市白水县人。《说文解字》记载，仓颉是黄帝时期造字的史官，被尊为"造字圣人。"享年110岁，是轩辕黄帝左史官。我国原始象形文字的创造者，我国官吏制度及姓氏的草创人之一。

元、韦应物等。历史学家有司马迁、班固、班彪、班昭等。

画家、书法家有阎立本、吴道子、颜真卿、柳公权、周昉等。佛学家、翻译学家有玄奘、鉴真、悟空僧人等。此外，还有钟馗、仓颉、后稷、杜康、孙思邈、王重阳等。

悠久的历史，得天独厚的地理条件，孕育了古都西安灿烂的文化和成百上千的历史名人。这一切，使我们能够感受到古都厚重的历史感和浓厚的文化气息。

阅读链接

轩辕黄帝的诞辰日是农历三月初三，即上巳节，是上古时期我们祖先在水边饮宴、郊外游春的节日。我国自古有"三月三，生黄帝"的说法。

轩辕黄帝是我国古史传说时期最早的宗祖神，华夏族形成后被公认为全族的始祖。上古时期约在今陕西武功县一带形成的黄帝族，就是因为这位杰出的始祖而得名。

黄帝族和住在今陕西岐山一带的姜姓炎帝族世代通婚。后来，黄帝族后裔中的一支创造了夏文化，遂称夏族。夏族又建立了我国第一个王朝夏朝。

从半坡遗址到天府之国

高陵杨官寨遗址 位于高陵县姬家乡杨官寨村，面积约80万平方米。各类房址49座，出土各类可复原的器物7000多件。在南发掘区发现了半坡四期文化的14座房址和陶窑。房址基本是平面呈"吕"字形的前后室结构，是目前所知关中地区最早的窑洞式建筑群。

据考古证实，早在旧石器时代，西安就是蓝田猿人的聚居区，新石器时代早期，这里就已经形成了原始聚落"华胥古国""半坡""姜寨""灰堆坡"等。而西安高陵杨官寨遗址的发现，将我国城市历史推进了6000年前的新石器时代晚期，同时确定了西安是世界历史上

■ **半坡遗址** 位于陕西省西安市东郊，是黄河流域一处典型的原始社会母系氏族公社村落遗址，属新石器时代仰韶文化，距今6000年左右。面积约5万平方米，是我国首次大规模揭露的一处新石器时代村落遗址。

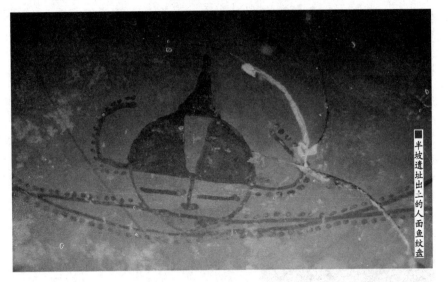

半坡遗址出土的人面鱼纹盘

第一座城市。

闻名世界的半坡遗址位于西安市以东，是一个典型的母系氏族公社的村落遗址，属于仰韶文化。这类遗存仅在黄河流域的关中地区就发现了400多处，因此，黄河流域素有华夏古代文化发源地的美称。

遗址现存面积约5万平方米，分为居住区、制陶区和墓葬区3个部分。发掘面积为1万平方米，房屋遗址共46座，圈栏两座，储藏物品的地窖200多个，成人墓葬174座，小孩瓮棺葬73座，烧陶窑址多座，以及大量生产工具和生活用品。

这一切，向我们生动地展现了6000多年前，处于母系氏族社会繁荣时期的半坡先民们生产与生活的情景。

人面鱼纹是半坡彩陶画的典型作品，这一生动的形象反映了半坡人丰富的艺术想象力。人面鱼纹线条明快，人头像的头顶有三角形的发髻，两嘴角边各衔一条小鱼。这一图景反映了半坡人和鱼之间的密切关系和特殊的感情，鱼也有可能是半坡氏族崇奉的图腾。

尖底瓶是半坡出土的最具特点的陶器之一。它是巧妙运用重心原理的一种汲水器。具体方法是在双耳上系上绳子，由于水的浮力，瓶

半坡遗址出土的尖底瓶

子一接触水面就自动倾斜，灌满水后又因为重心移动而自然竖起。

用它盛水还有两大特点，一是便于手提与肩背，二是口小，灌满水后从河边到居住区的路上，水不容易漫出。

我国先民们通过长期的实践发现水蒸气可以熟食，于是制作了陶甑，这是人类历史上最早利用蒸汽的范例。

据考古发现，由于当时自然条件很差，半坡先民们的生活十分艰苦，加之疾病流行，小孩的死亡率很高。于是，夭亡的小孩便实行瓮棺葬。半坡出土的小孩瓮棺共有73个。

从半坡遗址可以看到6000多年前，我们的先民生产和生活的生动画面。而西安作为一座城池，最早建城是在公元前12世纪，周文王在这里建立丰京、镐京两京，从此揭开了西安千年帝都的辉煌史。

瓮棺葬 古代墓葬形式之一，以瓮、盆为葬具，大多将小孩的尸体殓入其中，也有用来埋葬成人的。这种葬俗流行于新石器时代至汉代。多见于史前时期，大多数埋在居住区内房屋附近或室内居住面下，也有专门的儿童瓮棺葬墓地。

半坡人狩猎捕鱼

■ 唐三彩外国使者俑

从此，西安作为我国的政治、经济、文化中心长达1200多年。西安在我国古代著作纪传体通史《史记》中被誉为"金城千里，天府之国"。

汉唐时期，西安是我国对外交流的中心，是当时最早超过百万人口的国际大都市。

西安从古到今曾用名有酆京、镐京、酆镐、长安、常安、京兆、大兴、永兴、奉元、西京，其中，以长安最为常见和著名。长安，意思就是长治久安。

在长安发展的极盛阶段，它一直充当着世界中心的地位，吸引了大批的外国使节与朝拜者。"西方罗马，东方长安"是长安在世界历史地位中的写照。

自公元前11世纪至9世纪末，西安曾长期是我国古代的政治、经济与文化中心，并历来为地方行政机关，如州、郡、府、路、省和长安、咸宁两县治所。

《史记》是由司马迁撰写的我国第一部纪传体通史，是二十五史的第一部。记载了上自上古传说中的黄帝时代，下至汉武帝太史元年间共3000多年的历史。《史记》最初没有书名，从三国时期开始，"史记"由史书的通称逐渐演变成"太史公书"的专称。

西安寺院中的古碑

在多数朝代，西安属于郡、府级建制即京兆府、郡辖区。在我国历史上，曾经有21个政权先后在西安建都。

由于有的政权只是昙花一现，有的政权是中途迁入或迁出西安，有的政权不为多数史学家认可，因此，较为公认的说法是，西安是十三朝古都，西周、秦、西汉、新、东汉献帝、西晋愍帝、前赵、前秦、后秦、西魏、北周、隋、唐十三个王朝。

此外，还有十朝、十一朝、十二朝、十四朝、十六朝和十七朝等多种说法。

其中十朝古都的说法，依照时间次序分别是西周、秦朝、西汉、前赵、前秦、后秦、西魏、北周、隋朝、唐朝。

阅读链接

西安著名的寺院仙游寺位于西安周至县城南17千米的黑水峪口。这里四山环抱，一水中流，峰峦奇绝，甘泉飞瀑，是西安西南线西端融自然与人文景观于一体的著名景点。

相传，春秋时期秦穆公的女儿弄玉与萧史的爱情故事就发生在这里。弄玉自幼擅长吹箫，通晓音律。她与风流俊逸、才华出众的萧史志趣相投，结为夫妻。

当年，他们就住在寺边的玉女洞。悠扬动听、超凡脱俗的箫声引来祥龙瑞凤，他们双双结伴成仙而去，这就是乘龙快婿典故的由来。

秦朝大兴土木建奇宫

有着6000多年的建城史和1200多年的建都史的西安，先后有周、秦、汉、唐等13个王朝在这里建都，有"秦中自古帝王州"的美誉。

西安曾是全国政治、经济文化中心和最早对外开放的城市，"世界八大奇迹"之一的秦始皇陵兵马俑则展示了这座城市雄浑、厚重的历史文化底蕴。

悠久的历史文化积淀使西安享有"天然历史博物馆"之誉。

西安的文物古迹种类之多，数量之大，价值之高，在全国首屈一

■ 秦始皇 （前259—前210年），嬴政，是我国历史上著名的政治家、改革家、战略家、军事统帅。他是首位完成我国民族统一的开国皇帝。他在位37年，被明朝思想家李贽誉为"千古一帝"。

■ 复原后的阿房宫
牌楼

阿房宫 秦代的
宫殿，秦阿房宫
遗址位于三桥镇
南。秦始皇于公
元前212年修建
阿房宫，秦二世
时期，又继续修
建。秦朝末年项
羽入关后，火烧
阿房宫。汉朝以
后归属上林苑才
得以利用和扩
建，汉朝末年再
次废毁。南北朝
时这里建有佛
寺，宋朝时变为
农田。

指，许多是国内仅有、世界罕见的稀世珍宝。

秦王朝的宫殿阿房宫遗址，位于西安市西郊约15
千米的阿房村一带，是秦王朝的宫殿。始建于公元前
212年。秦始皇统一全国后，国力日益强盛，他命人
在渭河以南的上林苑中开始营造朝宫，即阿房宫。

秦始皇去世后，秦二世胡亥继续修建阿房宫。唐
代诗人杜牧在《阿房宫赋》写道：

覆压三百余里，隔离天日。骊山北构而
西折，直走咸阳。二川溶溶，流入宫墙。五
步一楼，十步一阁；廊腰缦回，檐牙高啄；
各抱地势，钩心斗角。

可见阿房宫在当时的确是非常宏大的建筑群。

据专家推测，阿房宫可能是基础打好了，但宫殿

没有完全盖好。当时修阿房宫不到一年，秦始皇就死了。劳动力又被拉去修秦陵墓，陵墓没修完，秦二世就垮台了，阿房宫也就没有建完。

阿房宫前殿遗址夯土台基东西长1200多米，南北宽400多米，现存最高高度12米，夯土面积54万平方米，是迄今为止，所知的我国乃至世界古代历史上规模最宏大的夯土基址。

阿房宫前殿遗址的面积规模与史书记载的"东西长500步，高达数十仞，殿内举行宴飨活动可坐万人"所描写的基本一致。

除了阿房宫，在世界上有较大影响的莫过于秦始皇陵兵马俑了。秦皇陵兵马俑博物馆坐落在距西安约37千米的临潼区城东，南依骊山，北临渭水，气势宏伟，是我国最大的古代军事博物馆。秦皇陵兵马俑阵经发掘对外开放后，立即引起世界的轰动。

夯土 古代建筑的一种材料。我国古代建筑材料以木为主角，土为辅助，石、砖、瓦为配角。古代的城墙、台基往往是夯筑的。夯土是一层层夯实的，结构紧密，一般比生土还要坚硬，最明显的特点是能分层，上下层之间的平面，即夯面上可以看出夯窝，夯窝面上往往有细沙砾。

■西安阿房宫正殿

千古都城

三大古都的千古传奇

■ 规模宏大的秦兵
马俑

戟 是一种我国古
代独有的兵器。
实际上戟是戈和
矛的合成体，它
既有直刃又有横
刃，呈"十"字
形或"卜"字
形，因此戟具有
钩、啄、刺、割
等多种用途，所
以杀伤能力胜过
戈和矛。戟在商
代就已出现，西
周时也有用于作
战的，但是不普
遍。到了春秋时
期，戟已成为常
用兵器之一。

3个大型陪葬的兵马俑坑呈品字形分布，总面积
2.28万平方米，坑内置放与真人、真马一样大小的陶
俑、陶马共7400多件。

3个陪葬坑中，一号坑最大，坑深5米，面积
14000多平方米，坑内有6000多陶人陶马，井然有序
地排列成环形方阵。

坑东端有3列横排的武士俑，手执弓弩类远射兵
器，好像是前锋部队。在它们的后面，是由6000多名
铠甲俑组成的主体部队，手执矛、戈、戟等长兵器，
同35乘驷马战车在11个过洞里排列成38路纵队。

二号兵马俑坑平面呈曲尺形，面积6000平方米，
坐西朝东，由骑兵、步兵、弩兵和战车混合编组，是
一座大型军阵。军阵大致可分为弩兵俑方阵，驷马战
车方阵，车步、骑兵俑混合长方阵，骑兵俑方阵4个
相对独立的单元。共有陶俑陶马1300多件，战车80多

■ 西安兵马俑青铜
战车

辆，并有大量的金属兵器。

三号兵马俑坑平面呈凹字形，面积520平方米，它与一、二号坑是一个有机的整体，好像是统率三军的指挥部，出土了68个陶俑和四匹马一辆车。

据考证，这些兵马俑，是以现实人物为基础而创作的，艺术手法细腻、明快。陶俑装束、神态也各具形态。

在这些俑中，光是发式就有许多种，手势也各不相同，脸部的表情更是神态各异。从它们的装束、表情和手势就可以判断出是官还是兵，是步兵还是骑兵。

它们之中，有长了胡子的久经沙场的老兵，也有初上战场的青年；有身高近2米的将军俑，巍然直立，凝神沉思，表露出一种坚毅威武的神情；有头微微抬起，两眼直视前方，显得意气昂扬而又带有几分

将军俑 陶制，高约2米，秦俑，出土于陕西西安临潼秦始皇兵马俑一号坑。秦始皇的兵马俑分步兵俑和骑兵俑两个主要兵种。雕像中的将军体格健壮，是目前俑坑中级别最高者。

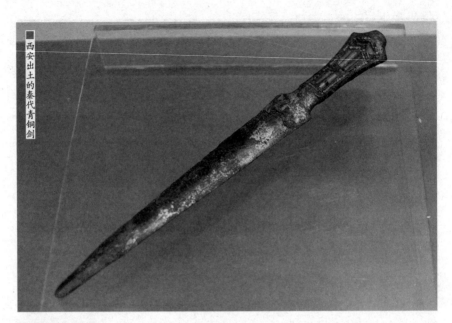

■ 西安出土的秦代青铜剑

千古都城

三大古都的千古传奇

弩机 我国古代工程技术的发明之一，在公元前就成为我国军事中的重要武器，直至1100年才传入欧洲。弩是用机械力射箭的弓，是由弓发展而成的一种远程射杀伤性武器。据传，是战国时期楚国的琴氏"横弓着臂，施机设枢"发明了弩。

项庄 是西楚霸王项羽的堂弟，作为项羽麾下的武将一直追随项羽南征北战，最后在乌江边战死。《史记·项羽本纪》里对于这个人物提得很少。

稚气的武士俑；还有身披铠甲，右手执长矛，左手按车的武士，姿势动作显示出他是保卫的车士俑。总之，这些陶俑具有鲜明的个性特征和极高的艺术水平。

兵马俑坑内的青铜兵器有剑、矛、戟、弯刀以及大量的弩机、箭头等。据化验数据表明，这些铜锡合金兵器经过铬化处理，虽然埋在土里2000多年，依然刃锋锐利，闪闪发光，表明当时已经有了很高的冶金技术，无疑是世界冶金史上的奇迹。

在距离秦皇陵兵马俑博物馆约3千米的地方，就是有名的鸿门宴遗址。

鸿门宴遗址位于西安临潼区新丰镇鸿门堡村，它南依骊山，北临渭河，地处潼关通长安的要道，遗址前横着一条1千米长的峭塬，中间像刀劈似的断为两半，南北洞开，犹如城门，鸿门因此而得名。

后人把鸿门宴遗址加以整修，再现了当年的面貌。十米高的旗杆上飘扬着杏黄色的帅旗，在台子的北面建有一座蒙古包似的军帐，门口高挂着楚军军旗，帐内模拟当时的宴会场面。军帐里面塑有"项庄舞剑、樊哙闯帐"等塑像，生动地再现了当年战事中的重要一幕。

　　在秦代，古都西安通往西北、西南的咽喉要道就是古渡。因而，古渡在地理上处于十分重要的位置。著名的咸阳古渡就始于这一时代。

　　咸阳古渡就是咸阳渭河渡口。渭河横贯关中，从古代秦都咸阳旁边流过，加之流水丰沛，岸线狭长，桥梁数量有限，舟渡就是一种重要的交通方式。

　　咸阳古渡始于秦代。直到明洪武年间，咸阳城西迁到渭水驿，古渡也就随之西迁。真正成为秦中第一大渡，并一直沿用至新中国成立初期。

　　咸阳古渡并非一处，在渭河上就曾有大大小小几

樊哙 西汉开国元勋，大将军，左丞相，著名的军事统帅。是吕后的妹夫，深得汉高祖刘邦和吕后的信任。跟随刘邦平定臧荼、卢绾、陈稀、韩信等，是汉高祖刘邦的心腹猛将。最有名之事迹为曾在鸿门宴时出面营救汉高祖刘邦，是楚汉时期的风云人物。

■ 西安附近的鸿门宴遗址

古渡口旁的羊皮筏子

十个渡口，除古渡遗址外，还有两寺渡、安阳渡、西同渡、嘉麦渡、新开渡、孙张渡、北田渡、交口渡、李家渡、耿渡、新丰渡及许多不大固定的临时小渡口。

阅读链接

相传，秦代末年，项羽和刘邦争夺天下。刘邦驻军灞上，势力强大的项羽驻军鸿门。项羽听从谋士范增的计策，在鸿门置办酒宴，企图借机杀掉刘邦，于是演出了一幕闻名古今的鸿门宴。

在酒宴上，范增一再示意项羽发令，但项羽却始终犹豫不决。范增便暗示项庄舞剑为酒宴助兴，趁机杀掉刘邦。然而项伯为了保护刘邦，也拔剑起舞，掩护了刘邦。

就在危急关头，刘邦的部下樊哙带剑拥盾闯入军门，怒视项羽。项羽见此人气度不凡，即命人赐酒。刘邦随后找了个借口一走了之，从而保全了自己的性命。后来，人们将鸿门宴喻指暗藏杀机。

汉朝在咸阳遗址建立都城

　　在我国历史上，西安和咸阳如同一座城市。这从古时长安与咸阳的关系可见一斑。西安和咸阳是我国地理距离上最近的两个城市，两市相距约25千米。

　　秦始皇当年定都在咸阳，阿房宫大部分面积在今天西安市境内，秦皇陵和兵马俑位于西安临潼区。秦朝的宗庙在渭河南岸，秦朝的宫殿布局还没有形成宫城、皇城和三大殿的这一布局。

　　汉朝都城长安，是在秦朝咸阳遗

■刘邦（前256—前195年），汉高祖，历任沛县泗水亭长、沛公、汉王，后成为汉代开国皇帝，是汉民族和汉文化伟大的开拓者。我国历史上杰出的政治家、战略家。

■ 咸阳汉阳陵

址基础上建立起来的。秦朝的咸阳自从惠文王时期开始，就不断向南扩展，在渭河以南修建了章台、兴乐宫、甘泉宫、信宫、阿房宫及七庙等建筑。

刘邦夺得天下后，经大臣娄敬、张良等的劝说，才建都长安。他命人修缮秦朝的兴乐宫，并改名为长乐宫，在秦代章台的基础上建未央宫。

西安是我国古代丝绸之路的起点。西汉时期，汉武帝派遣张骞出使西域，正式开辟了以长安为起点，连接欧亚大陆的通道丝绸之路。

从那时起，我国的使臣、商贾和中亚、西亚、南亚各国的使节客商就开始频繁往来，络绎不绝。中外商业贸易迅速发展，文化交流日趋活跃，友好往来不断加深。

到了东汉顺帝时期，诞生了我国土生土长的宗教道教，距今已有1800多年的历史。西安有道教宫观27所，道教职业人员约200人。

在这一时期，建有著名陵墓汉阳陵。汉阳陵位于

丝绸之路 起始于我国古代政治、经济、文化中心古都长安，连接亚洲、非洲和欧洲的古代商业贸易路线。它跨越陇山山脉，穿过河西走廊，通过玉门关和阳关等地，最终抵达非洲和欧洲，是一条东方与西方之间经济、政治、文化进行交流的主要道路。它的最初作用是运输我国古代出产的丝绸。

咸阳市渭城区正阳镇张家湾和后沟村以北的咸阳原上，是汉景帝刘启和皇后王氏同茔异穴的合葬陵园，地跨咸阳市渭城区、泾阳县、高陵县三县区。

古代西安和咸阳互为表里，因此汉阳陵可以说是西安的历史遗迹。汉阳陵出土的裸体彩俑，震惊世界，被誉为"东方维纳斯"。

汉阳陵平面呈不规则葫芦形，东西长近6千米，南北宽近3千米，面积约12平方千米。由帝陵、后陵，南区从葬坑、北区从葬坑，刑徒墓地、陵庙等礼制建筑、陪葬墓园及阳陵邑等部分组成。

整个陵园以帝陵为中心，四角拱卫，南北对称，东西相连，布局规整，结构严谨，显示了唯我独尊的皇家意识和我国古代帝王严格的等级观念。

阳陵帝和黄皇后陵都是"亞"字形，坐西面东。汉阳陵帝陵封土高约31米，陵底边长160米，顶部东西54米，南北55米，陵园为正方形，边长410米，四边中央各有一门，距离帝陵封土都是110米。

帝陵陵园南门阙是时代最早，等级最高，规模最大，保存最好的三出阙遗址，它的发掘对于门阙的起源、发展，门阙制度的形成、影响，以及我国古代建筑史的研究等有着重要作用。

汉俑 汉代俑的质料以陶质为多，但江南仍多流行木俑，也有少数石质或金属俑。西汉时期，帝后陵墓附近的丛葬坑和陪葬墓，有数量较多的陶俑，均为模制，上施彩绘。汉代俑的形体比秦俑小，造型较为生动。西安任家坡汉陵丛葬坑中的陶俑，都是侍女形象，衣着艳丽，体态端庄。

汉阳陵出土的汉俑十分引人注意。它们只有真人的三分之一大小，约0.6米高，赤身裸体且没有双臂。

据研究，这些陶俑在刚刚完工时都身着各色美丽的服饰，胳膊为木制，插入陶俑胳膊上的圆孔，以便木胳膊可以灵活的转动，但是经过千年的风霜之后，衣服与木胳膊都已腐朽了，因此只剩下了裸露而残缺的身躯。

兵马俑的队伍中还有一部分是女子俑。她们大多面目清秀，身材匀称。但也有一些颧骨突起，面貌奇异者，可能是当时的其他民族的兵员。总之，比起秦始皇兵马俑的肃穆与刚烈，汉阳陵汉俑显得平和而从容，正反映了"文景之治"时期的社会氛围。

汉代"文景之治"时期，社会经济发展，百姓安居乐业，文化生活也日益丰富起来。从汉代到魏晋时期，每年农历三月初三这一天固定为上巳节，节日习俗也逐渐成为一种水边交游宴饮的活动。渐渐地，参

■ 西安出土的汉代舞蹈俑

与的百姓、显贵及宫廷人士越来越多，就演变出了著名的习俗曲水流觞，也称曲水流饮。

提起曲水，自然就要提到曲江池。曲江池位于西安市南郊，距城区约5千米。它是汉代一处极为富丽优美的园林。曲江池两岸楼台起伏、宫殿林立，绿树环绕，水色明媚。每当新科进士及第，皇帝总要在曲江赐宴。

新科进士在这里乘兴作乐，将杯子放在盘上，将盘子放在曲流中，盘随水转，轻漂漫泛，转至谁前，谁就执杯畅饮。这在当时堪称一件雅事，曲江流饮由此得名。

■ 出土的汉代酒器凤鸣双连杯

西安曲江流饮的风俗，可以追溯到西安传统的上巳节。上巳节的渊源又可追溯至周朝，周朝巫术流行，人们会在每年农历三月的上巳节这天泼水求吉，

■ 西安出土的青铜祭祀雕像

女巫还要在河边举行除灾祛病仪式，称为祓禊。从汉代开始，祓禊逐渐被春游活动所取代。

到了晋代，在民间又逐渐形成另一种习俗游大蜡。大蜡是流传在长安神禾原畔鸡子殿及原下新街、关家村和彰仪村一带

■西安寺院内的香烛

的民间工艺品。

相传鸡子山是东晋高僧道安法师讲经的地方，后来这里建造了鸡子殿。每天晚上，僧人们自带蜡烛到经堂诵经吟诗，许多蜡烛汇聚一堂，室内通明，因此称为"焰光会"。

由于僧人需要的蜡烛量非常大，后来，每年农历正月十五和十六，鸡子殿四周村子的村民便自愿向庙宇献大蜡。

大蜡的形状像磨盘一样，上大下小，直径和高各为1.2米，重180千克，四周插有12朵晶莹夺目的蜡制大花，象征着万物兴旺、年月瑞祥。蜡身上盘绕着八条金龙，昂首衔珠，堪称一绝。

阅读链接

在西安周至县豆村还有游大蜡的习俗。在当地，大蜡是供奉在关帝庙里燃用一年的祭品。

每年农历四月初八游大蜡，由匠人提前将精美的大蜡制作好，于四月初八早上由10多人抬上，由仪仗、锣鼓队、秧歌队做引导，在村里游行，村民把大蜡视为吉祥物。

游大蜡所到之处，人们都要放鞭炮迎接，并赠糕点、烟酒、红色等物品答谢，以祈求风调雨顺、五谷丰登、生意兴隆。周围十里八乡的村民和外地的游客都来参观，像过庙会一样，十分热闹。

隋唐时期的著名寺院

　　佛教于公元67年传入西安后，在我国汉唐时期非常兴盛。古都西安的寺院景观美不胜收，比较著名的有青龙寺、芙蓉园、大慈恩寺、仙游寺、大秦景教寺、清真大寺、大明宫、大雁塔、小雁塔等。

■西安青龙寺阁楼

西安青龙寺位于西安东南郊铁炉庙村北，建于582年，原名灵感寺，708年改名青龙寺。

青龙寺是唐代著名的佛寺之一。唐代佛教兴盛是空前的，而城内的佛寺更为突出，其传播之广不仅在国内，而且对国外也有影响。

尤其对当时日本宗教的发展影响很大。在9世纪初至中叶，日本入唐求法的学问僧、请益僧频繁往来长安。他们曾在青龙寺受法，使青龙寺成了向外传播佛教密宗、颇有影响的寺院之一。

583年，隋文帝修建了久负盛名的皇家御苑芙蓉园。到了唐代，又对园林进行了扩建，除在芙蓉园增修紫云楼、彩霞亭、凉堂与蓬莱山之外，又开凿了大型水利工程黄渠，以扩大芙蓉池与曲江池水面。这里逐渐成为皇族、僧侣、平民汇聚盛游之地。

隋代开皇年间，隋文帝命人兴建了世界闻名的佛教寺院大慈恩寺。大慈恩寺是唐代长安的四大译经场之一，也是我国佛教法相唯识宗的祖庭，距今已有1300多年的历史。

慈恩寺最初称无漏寺。648年，唐高宗李治做太子时，为了追念他

■唐代西安芙蓉园石雕

■李治（628—683年），唐高宗李治，字为善，我国唐代第三任皇帝，唐太宗李世民第九子。649年，即位于长安太极殿，开创了有贞观遗风的永徽之治。唐朝的版图，以高宗时为最大。李治在位34年，于683年驾崩，享年55岁，葬于乾陵，庙号高宗，谥号天皇大帝。

的母亲文德皇后又进行了扩建。

慈恩寺寺院的规模很大，共有13个院落，近900间房屋，云阁禅院，重楼复殿，异常豪华。唐代高僧玄奘曾受朝廷圣命，是该寺院的首任上座住持，并在此翻译佛经10余年。

在寺院山门内，有钟楼和鼓楼对峙，中轴线之主体建筑依次是大雄宝殿、法堂、大雁塔、玄奘三藏院。钟和鼓是寺院的号令，有晨钟暮鼓的说法。

东侧钟楼内悬铁钟一口，重约1.5万千克，高3米多。唐代学子一旦考中进士便到慈恩塔下题名，称作雁塔题名，后来成为重要的文化活动之一。

601年，隋文帝在黑水河南北两岸兴建了行宫，并且起名为仙游宫。南寺称为仙游寺，北寺称为中兴寺，两座寺之间有一个黑水潭，也称仙游潭。

据史籍记载，隋文帝杨坚从小

唯识宗 慈恩宗、瑜伽宗、应理圆实宗、普为乘教宗、唯识中道宗、唯识宗、有相宗、相宗、五性宗。广义是指俱舍宗、唯识宗等以分别判别诸法性相为教义要旨的宗派，是我国佛教十三宗之一。以唐代玄奘为宗祖，依五位百法，判别有为、无为之诸法，主张一切唯识之旨之宗派。

■慈恩寺内的大钟

被养育在冯翊般若寺，长大后返回杨家时，女尼智仙交给他一袋舍利子共31粒。

601年，隋文帝诏令全国31州建舍利塔分别供奉，同时入塔，包括西安仙游寺法王塔。后来，除了仙游寺的舍利子，其他30座塔及舍利子情况不明。

后人在仙游寺法王塔发现鎏金铜棺。棺中琉璃瓶内存放着国内首次发现的10粒隋代舍利子，以及双面刻纹石碑一块和石函一具。这在我国佛教史上具有非常重要的价值。

到了唐代，西安改为长安，并作为唐朝都城。宫城完全与西安市重合，皇宫与明城墙重合。唐朝帝王陵，如昭陵、乾陵等则大部分在咸阳市境内。西安的宗教文化极其发达。

在我国和东南亚影响深远的八大宗派中，有6个宗派的祖庭在西安。长安佛教对日本、朝鲜及东南亚

基督教 基督教发源于犹太教，与佛教、伊斯兰教并称为世界三大宗教。最早期的基督教只有一个教会，但是在历史进程中却分化为许多派别，主要有天主教、东正教、新教三大派别，以及其他一些影响较小的派别。

■ 西安八仙宫聚仙阁

■ 道教圣地老母殿

国家的佛教都有重大影响，许多国家的僧人和佛教徒经常来长安的佛教寺院朝拜和交流。

唐代寺院如兴教寺、草堂寺、藏传佛教寺院广仁寺等，在历史上都有很大的影响。

其中，影响较大的宫观有周至县道教的发源地之一楼观台、西安八仙宫、道教全真派的祖庭户县重阳宫、临潼老母殿等。

基督教从《大秦景教流行中国碑》的记载算起，传入西安已有1300多年的历史。唐代著名的基督教寺院是大秦景教寺。该寺位于周至县终南山下，楼观台的西侧，仅存一座古塔。

651年，伊斯兰教传入西安。西安现有清真寺21所，其中影响最大的寺院是清真大寺。

西安清真大寺，位于西安西大街鼓楼西北的化觉

舍利子 原指佛教祖师释迦牟尼佛，圆寂火化后留下的遗骨和珠状宝石样生成物。舍利子在印度语中叫驮都，也叫设利罗，译成中文叫灵骨、身骨、遗身。是一个人往生，经过火葬后所留下的结晶体。舍利子跟一般死人的骨头完全不同，形状千变万化，颜色也有多种。

巷内。由于它与大学习巷的清真寺东西遥遥相对，而且规模较大，由此又被称为东大寺或清真大寺。

据寺内现存碑文记载，清真大寺创建于742年，也就是唐玄宗李隆基天宝元年。寺院占地面积1.3万多平方米，建筑面积6000多平方米。全寺院沿东西走向呈长方形，共分四进院落。院内树木成荫，花圃对称排列，石刻牌坊矗立其间。

远近闻名的大明宫遗址位于西安市区北郊的龙首原上，是唐代长安城禁苑的组成部分。大明宫原本是皇帝朝会的地方，后在武则天统治时期，大明宫更名为蓬莱宫，并在这里主持朝政。

大明宫始建于634年，后来，屡遭兵火的破坏。896年，大明宫被大火焚毁。大明宫遗址周长7.6千米，共有11座城门。城内的主要街道丹凤门大街宽达176米。已经发现的40多处宫殿阁亭遗址，大多集中在城北太液池的四周，主要有含元殿、麟德殿、三清殿、

清思殿、宣政殿和紫宸殿等宫殿遗址。

大明宫的北部是宫廷类的园林区，建筑布局比较疏朗，建筑形式多种多样，堪称唐代园林建筑的杰作。

唐代西安佛教建筑艺术中，最为著名的是大雁塔和小雁塔。

大雁塔又名大慈恩寺塔，位于西安市区南郊大慈恩寺内，始建于652年，玄奘法师为供奉从印度带回的佛像、舍利和梵文经典，在慈恩寺的西塔院建起一座五层砖塔。大雁塔在武则天长安年间重建后又经多次修整。大雁塔是长安著名的游览胜地，因而留有历代大量文人雅士的题记。

大雁塔是楼阁式的砖塔，塔通高为64米，塔身为7层，塔体呈方形锥体，由仿木结构形成开间，由下而上按比例递减。每层的四面各有一个拱券门洞，可

梵文 印度雅利安语早期名称，印度教经典《吠陀经》就是用梵文写成，其语法和发音被当作一种宗教礼仪而保存下来。19世纪，梵语成为重构印欧诸语言的关键语种。梵文不仅是印度古典语言，也是佛教经典语言。梵文佛典起初书写于贝多罗树叶上，又称"贝叶经"。

■西安大雁塔近景

义净 俗姓张，字文明，我国唐代僧人，旅行家，我国佛教四大译经家之一。义净14岁出家时就仰慕法显、玄奘西行求法的高风。从慧智禅师受具足戒后，学习道宣、法砺两家律部的文疏五年，前往洛阳学《对法》《集论》《摄论》，又往长安学《俱舍》《唯识》。

以凭栏远眺。整个建筑气魄宏大，造型简洁稳重，比例协调适度，格调庄严古朴，是保存比较完好的楼阁式塔。塔内装有楼梯，供人登临，可俯视西安古城。

小雁塔又称荐福寺塔，小雁塔正式称谓应为荐福寺佛塔，位于西安市区南门外的荐福寺内，始建于唐中宗景龙年间，是属于保护得较好的著名唐代佛塔。

它形体秀丽，是唐代精美的佛教建筑艺术遗产。小雁塔与大雁塔相距约3千米，因规模小于大雁塔，因此称为小雁塔。

荐福寺建于662年，是唐高宗李治死后百日，宗室皇族为他献福而建造的。小雁塔是为了存放唐代高僧义净从天竺带回来的佛教经卷、佛图等而建立的。

小雁塔位于安仁坊，所在的塔院是荐福寺的一部分，不过当时塔院并不在荐福寺内，而是与荐福寺门

■西安小雁塔远景

■西安荐福寺

隔街相望。

在唐代末期的战乱中，荐福寺屡遭破坏，寺院毁废，只有小雁塔得以保存。

小雁塔是密檐式砖构建筑，塔形秀丽，是我国唐代精美的建筑艺术遗产。

小雁塔保存着一口金代铸的大铁钟，铁钟高4.5米，重1万多千克，上面刻有"皇帝万岁、臣佐千秋、国泰民安、法轮长转"16字吉祥语。

阅读链接

天师钟馗是道教中的赐福镇宅圣君。有关钟馗的记载最早见于《唐逸史》。

传说唐明皇病中梦见小鬼偷去绣番囊和玉笛。他正要发怒，见一大鬼挖下小鬼的眼珠吞掉了。此鬼自称是南山钟馗，曾应考武举人，因其貌不扬遭佞臣攻讦落第，羞愤撞殿前石阶而死，后高祖赐武举人绿袍陪葬。钟馗化鬼后发誓要斩妖除魔，剪除佞臣。

唐明皇醒来以后，便向画师吴道子追忆梦中钟馗的相貌，命他绘出钟馗像，颁布天下。从此，民间也挂着他的画像用来驱鬼避邪。

宋元明时期的西安古都

北宋时期，朝廷对西安大部分古迹、建筑进行了维护和修缮。1116年，一位自称山谷迁叟的信士经过多年努力，修缮了小雁塔。

这一时期，北宋建立了西安最大的一座道教观寺院八仙庵。八仙

■西安最大的道观八仙宫

■吴道子（约680—759年），又名道玄。唐代著名的画家，画史尊称为吴生。他擅佛道、神鬼、人物、山水、鸟兽、草木、楼阁等，尤精于佛道、人物，长于壁画创作，人称"吴带当风"。

庵又名万寿八仙宫，位于西安市东关长乐坊，建在唐代兴庆宫的遗址上。

八仙是道教传说中的八位神仙。据说，宋代有一个姓郑的书生曾经在这里遇到八位神仙，于是人们开始造庵，祭祀八仙。八仙庵在元、明、清各代都有重修，以清代建筑为多。

北宋时期，建立了我国收藏古代碑石墓志时间最早、名碑最多的一座碑林。当时，朝廷建碑林的目的是保存《开成石经》。900多年以来，西安碑林经过历代扩大、征集、收藏和精心保护，藏碑石近3000通。

经过扩建的西安碑林有6个碑廊、7座碑室、8个碑亭，陈列展出1000多通碑石。在名碑荟萃的展室里，有浩瀚儒家石经，有秦汉文人的古朴遗风，有魏晋北朝墓志的精华，有书圣王羲之的书体，有画圣吴道子的画幅，有大唐名家的绝代书法，有宋元名士潇洒的笔墨。

从历史价值来说，许多碑文具有珍贵的史料价值，有的可借以补充和订正史书记载的贻误，有的是

八仙　民间广为流传的道教八位神仙。八仙之名，明代以前众说不一。有汉代八仙、唐代八仙、宋元八仙，所列神仙也各不相同。直到明代吴元泰的《八仙出处东游记》中才被定为：铁拐李、汉钟离、张果老、蓝采和、何仙姑、吕洞宾、韩湘子和曹国舅八人。

■ 西安著名文化景观碑林

景教 唐朝传入我国的基督教聂斯脱里派，也就是东方亚述教会，被视为最早进入中国的基督教派，成为汉学研究的一个活跃领域。唐代曾在长安兴盛一时，并在全国建有"十字寺"，但多是由非汉族民众所信奉。

研究中外文化交流史和地方史的宝贵资料。

从陕西周至县出土后移入碑林的《大秦景教流行中国碑》，通高2.79米，宽0.99米，刻于781年，用中国和叙利亚两国文字记载了唐代基督教中一派的景教由中亚传入我国的情况。

1369年，明代废奉元路设西安府，西安这一名称从此被固定并沿用下来。

明代是荐福寺的中兴时期。这一时期，荐福寺曾有五次大规模的整修，基本上保留了原有的格局。此外，在宋代碑林的基础上，明代又增建藏石碑3000多通，被誉为我国石质历史书库。

在明朝，西安建立了我国历史上保存最为完整的古代城垣建筑，它就是明代城墙。

明代城墙位于西安市中心区，是明朝初年在唐长安城的皇城基础上建筑起来的。现存城墙建于1374至

1378年，是中世纪后期我国历史上最著名的城垣建筑之一。

西安明城墙呈长方形，墙高12米，底宽18米，顶宽15米，东墙长2.5千米，西墙长约2.6千米，南墙长3.4千米，北墙长3.2千米，总周长约14千米。

在古代，武器装备比较落后，城门是唯一的出入通道，因而城墙是防御重点。西安城有东、西、南、北四座城门，分别为长乐门、安定门、永宁门和安远门。四座城门分别又有正楼、箭楼、闸楼三重城门。

闸楼在最外，主要作用是升降吊桥，箭楼在中，正面和两侧设有方形窗口，供射箭用。正楼在最里面，是城的正门。箭楼与正楼之间用围墙连接，叫瓮

吊桥 就是悬索桥，由悬索、桥塔、吊杆、锚锭、加劲梁及桥面系所组成。吊桥的跨越能力是各种桥梁体系中最大的。按加劲梁的刚度，吊桥又可分为柔性与刚性两种。

■ 西安古城安定门

城，是屯兵的地方。瓮城中还有通向城头的马道，缓上无台阶，便于战马上下。

全城还建有11处马道。城墙四角都有突出城外的角台。除西南角是圆形，保持唐皇城转角原状外，其他都是方形。角台上修有较敌台更为高大的角楼，表明了这里在战争中的重要地位。

城墙上每隔120米修一座敌楼，也叫箭楼，恰好在弓箭的有效射程之内，便于从侧面射杀攻城的敌人。城墙上外侧筑有雉堞，又称垛墙，共5900多个，上有垛口，可射箭和瞭望。内侧矮墙称为女墙，无垛口，以防兵士往来行走时跌下。

最初的西安城墙完全用黄土分层夯打而成，最底层用土、石灰和糯米汁混合夯打，异常坚硬。后来又将整个城墙内外壁及顶部砌上青砖。城墙顶部每隔40

■ 西安明代的防瓮城

米至60米有一道用青砖砌成的水槽，用于排水，对西
安古城墙的长期保护起了非常重要的作用。

■ 西安城中的箭楼

　　城墙四周环绕着宽而深的城河，正对城门处设有
可以随时起落的吊桥。吊桥升起，进出城的通路便被
截断。

　　据说朱元璋攻克徽州后，一个名叫朱升的隐士便
告诉他应该"高筑墙，广积粮，缓称王"。朱元璋采
纳了这些建议。

　　当全国统一后，朱元璋便命令各府县普遍筑城。
西安古城垣就是在这个建城的热潮中，由都督濮英主
持，在唐皇城旧城基础上扩建起来。

　　西安古城中的明代城垣曾是一个庞大而精密的军
事防御体系，也是我国现存最完整的一座古城堡，为
研究明代的历史、军事和建筑等提供了不可多得的实

朱升（1299—
1370年），字允
升，安徽休宁
人，明朝开国谋
臣。元末举乡
荐，为池州学
正。避弃官隐石
门，学者称枫林
先生。因向朱元
璋建议"高筑
墙、广积粮、缓
称王"被采纳而
闻名，毛泽东赞
其为"九字国策
定江山"。

■ 西安鼓楼夜景

歇山顶 歇山式屋顶，宋代称九脊殿、曹殿或厦两头造，清代改称歇山顶，是我国古建筑屋顶样式之一，在规格上仅次于庑殿顶。歇山顶共有九条屋脊，因此又称九脊顶。由于其正脊两端到屋檐处中间折断了一次，分为垂脊和戗脊，好像"歇"了一歇，故名歇山顶。

物资料。

在明代，除了明代城墙外，又建了两处标志性建筑：鼓楼和钟楼。

西安鼓楼位于西安西大街北院门的南端，向东与钟楼相望，始建于1380年，比钟楼早建4年，迄今为止已有600多年的历史。

1699年和1740年鼓楼先后经历两次重修。楼上原有一面巨鼓，每天击鼓报时，因此称鼓楼。历经岁月沧桑，巨鼓早已不在，只有鼓楼巍然耸立。

西安鼓楼是我国现存最大的鼓楼。第一层楼身上置腰檐和平座，第二层楼重檐歇山顶，上覆绿琉璃瓦。楼的外檐和平座都装饰有青绿彩绘斗拱，使楼的整个建筑层次分明，浑雄博大。登楼的青砖阶楼设在砖台基两侧，在第一层楼的西侧有木楼梯可登临楼的第二层。

在鼓楼的南檐下正中，悬挂有"文武盛地"蓝底金字匾额，是清朝乾隆年间重修此楼竣工后，陕西巡抚张楷模仿乾隆皇帝的御笔书写的。北檐正中悬挂有"声闻于天"匾额，笔力挺拔，相传是咸宁李允宽所书。两匾不仅说明了建筑物的意义，且如画龙点睛，使楼生气盎然，更显得宏伟壮丽。

西安钟楼位于西安市区中心的东西南北四条大街交汇处，始建于1384年，因楼上悬挂一口铁钟而得名。初建时，地址在今广济街口，与鼓楼对峙。是我国古代遗留下来众多钟楼中形制最大、保存最完整的

斗拱 是我国建筑特有的一种结构。在立柱和横梁交接处，从柱顶上的一层层探出成弓形的承重结构叫拱，拱与拱之间垫的方形木块叫斗。两者合称斗拱。也有说法认为斗拱是由斗、拱、翘、昂、升等组成。

■西安著名景观钟楼

一座，也是西安市地标性建筑之一。

钟楼建在方形基座之上，是砖木结构，重楼三层檐，四角攒顶的形式，总高36米，基座高8米多，每边长35米，面积约1300平方米，内有楼梯可盘旋而上。

在檐上覆盖有深绿色琉璃瓦，楼内贴金彩绘，画栋雕梁，顶部有鎏金宝顶，金碧辉煌。以它为中心辐射出东南西北四条大街并分别与明城墙东南西北四门相接。

1582年，巡安御使龚贤主持，将钟楼整体迁移到广济街口。后来，钟楼便落户这里，从而呈现出典型明代建筑艺术风格，重檐斗拱，攒顶高耸，屋檐微翘，华丽庄严。

据说，明太祖朱元璋登基后不久，朱元璋专门修了一个全国最大的钟楼，并调来"天下第一名钟"景云钟。朱元璋又派他的大儿子镇守西安，这就是著名的秦藩王，秦藩王的王府就在今天的西安新城。

■西安城箭楼

■西安城墙

除了上述景观，还有明代高岳崧建立的著名民居高家大院。高家大院是西安市保护最完整的民居院落之一。是明代人高岳崧的故居。

高岳崧，祖籍江苏镇江，明崇祯年间曾中榜眼，后来官至太司，高家大院即是崇祯皇帝赐给他的。从1641年至1871年，高家本族七代为官。1871年，高岳崧的子嗣参加科举考试，被皇帝钦点榜眼，得御赐"榜眼及地"牌匾。

高家大院坐北朝南，占地约600平方米，南北长50米，东西宽12米，建筑布局为三开间三进院落，街房、厢房、过厅、二门、上房一应俱全。

院内两侧的厢房都是房子半边盖的典型陕西民居特色，过厅为硬山明柱出檐式，而且前后、东西相向对称，上房为硬山明柱出檐两层楼房。

大门是生漆木门，拴马桩立于门侧。两个门墩上的浮雕是麒麟、蝙蝠、梅花鹿等吉祥动物。过厅的房

高岳崧 字峻生，或峻峰，号幼潭、子年，陕西长安人。1871年，辛未科梁耀枢榜进士第二人。1675年，高岳崧出任长安州知府。他平时谨慎小心，做官廉俭节约，恪尽职守。他和睦待人，赡养族中长老。从无过分举止。高岳崧去世时年仅31岁。他的住宅后人称为高家大院。

■ 高家大院内的建筑纹饰

门上刻有牡丹、梅花、宝剑、方鼎；上房的门上则为梅、兰、竹、菊四君子，整个大院古韵四溢。

　　特别值得一提的是，高家大院的门楼砖雕及房屋的木质构件刻花精细，具有典型的地方建筑装饰艺术风格。

　　该院落从房屋结构及室内家具陈设都完整地保留下来，这样完整的院落如今在西安已经很难见到。

阅读链接

　　传说，朱元璋修建钟楼是有原因的。朱元璋登基不久，关中一带连连发生地震，民间相传城下有条暗河，河里有条蛟龙，蛟龙在翻身，长安在震动。

　　朱元璋心里感觉不踏实，于是想办法要压住它。道士们给他出了个主意，在西安城中心修一座钟楼，钟乃天地之音，可镇住蛟龙。为此，朱元璋修了一个全国最大的钟楼，并调来"天下第一名钟"景云钟前来助阵。钟楼修好后，朱元璋又派大儿子镇守西安，这就是著名的秦藩王。